聂作平 著

文明的曙光

少年中国史：我们的故事

第一册

生活·讀書·新知 三联书店

Copyright © 2023 by SDX Joint Publishing Company.
All Rights Reserved.

本作品版权由生活·读书·新知三联书店所有。
未经许可，不得翻印。

图书在版编目（CIP）数据

少年中国史：我们的故事. 第一册，文明的曙光 /
聂作平著. —北京：生活·读书·新知三联书店，2023.11
ISBN 978-7-108-07686-1

Ⅰ.①少… Ⅱ.①聂… Ⅲ.①中国历史－西周时代－
青少年读物　Ⅳ.① K209

中国国家版本馆 CIP 数据核字 (2023) 第 124089 号

责任编辑	王海燕　王　丹
装帧设计	康　健
责任校对	张国荣
责任印制	卢　岳
出版发行	生活·讀書·新知 三联书店
	(北京市东城区美术馆东街 22 号　100010)
网　　址	www.sdxjpc.com
经　　销	新华书店
印　　刷	河北品睿印刷有限公司
版　　次	2023 年 11 月北京第 1 版
	2023 年 11 月北京第 1 次印刷
开　　本	880 毫米 × 1230 毫米　1/32　印张 10.5
字　　数	212 千字　图 38 幅
印　　数	00,001-10,000 册
定　　价	48.00 元

（印装查询：01064002715；邮购查询：01084010542）

目 录

第一章　我们的星球　1

第二章　生命的进化　11

第三章　什么是中国　33

第四章　中国人的根在哪里　53

第五章　最初的创造　64

第六章　农业与聚落　73

第七章　新石器时代的生活　83

第八章　神话中的上古英雄　95

第九章　黄帝和他的时代　105

第十章　汉字出世与栽桑养蚕　117

第十一章　从黄帝到大禹　127

第十二章　超级大洪水　136

第十三章　寻找夏朝　144

第十四章　失国与复国　154

第十五章　太阳的毁灭　163

第十六章　玄鸟生商与伊尹治国　172

第十七章　迁来迁去的首都　183

第十八章　武丁与妇好　194

第十九章　他成了暴君的代名词　206
第二十章　甲骨文的秘密　214
第二十一章　商朝生活点滴　223
第二十二章　周的崛起　242
第二十三章　东征与分封　254
第二十四章　周公与周礼　264
第二十五章　青铜时代　278
第二十六章　西周的衰落　288
第二十七章　共和元年　301
第二十八章　烽火戏诸侯　310

大事年表　321
主要参考书目　324

第一章 我们的星球

在庞大的、包容一切的暗黑宇宙中，我们的行星是一个孤独的斑点。

——［美］卡尔·萨根

1

现在，当你打开这本书，我们的故事将从一张照片开始。

这是一张来自遥远太空的照片。

照片上，有三道色彩诡异的条纹。条纹覆盖或没覆盖的地方，都布满难以计数的小点。密密麻麻的小点，像是谁把一捧细沙撒落到一块光洁的玻璃上。

如果将照片不断放大，你会看到，一粒粒沙子竟然是一颗颗星球。

最右边那道条纹旁边，有一粒微不足道的沙子。那，

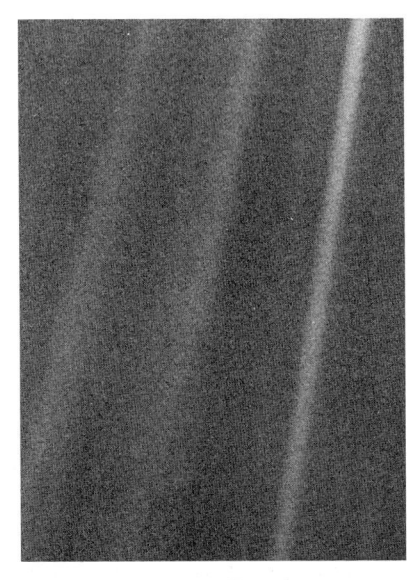

美国宇航局从距地球64亿公里的太空拍摄的照片

1

就是我们的星球——地球。

1977年9月5日，美国宇航局发射了一艘无人外太阳系空间探测器。这艘探测器重815千克，命名为"旅行者1号"。"旅行者1号"以每秒17公里的相对速度向银河系中心飞行。

1990年2月14日，"旅行者1号"出发12年以后，它和母星地球的距离为64亿公里——如果是时速100公里的汽车，要走完这段路途，大约需要一刻不停地行驶7300年。这么漫长的时间，足以让人类从新石器中期进化到今天。

就在这一天，美国宇航局的科学家向探测器发出指令，让置于探测器上的一台相机，对准它的来路，即地球的方向，拍下了我们刚才说到的那张照片。

海洋、山峰、平原、高原、盆地、江河、湖沼，各种错综复杂的地貌构成了地球表面。从人的视角看，这是一个极其庞大、极其辽阔的星球，它的表面积达到了惊人的5.1亿平方公里。然而，如果把地球置于宇宙视角，它又是如此渺小。即便是在太阳系的八大行星中，地球的体积也只能排第五，仅仅大于水星、金星和火星。太阳系最大的行星木星，足以盛下1300多颗地球。至于太阳的体积，更是地球的130万倍。——如果太阳是一个篮球的话，地球相当于一粒芝麻。

但是，在茫茫宇宙中，不论木星还是太阳，仍然属于微不足道的普通行星和普通恒星。

地球和太阳系所处的银河系，它的直径是10万光年。光年不是时间单位，而是长度单位，就是光在一年里跑过的路程。光是目前已知的速度最快的东西,速度约每秒30万公里,1光年大约相当于9.46万亿公里。世界上速度最快的飞机每小时飞行11260公里,飞越1光年,需要95848年。

我们目前能够观测到的宇宙,其直径是930亿光年。

如果把可观测宇宙按比例缩小到地球这么大的话,那么,地球的大小仅仅相当于原子核。

古人常用沧海一粟——也就是大海中的一粒小米——来形容微不足道。其实,在茫茫宇宙中,地球连沧海一粟也算不上。地球上的沙子无处不在,哪怕一片海滩的沙子,我们也觉得多不胜数;但是,如果一粒沙子对应一颗星球,那么,目前我们能够观测到的宇宙中的星球,竟然比地球上的沙子还要多。

"旅行者1号"从64亿公里外发回来的这张照片,被天文学家卡尔·萨根命名为"暗淡蓝点"。他用诗一样的语言,描述了这张不同寻常的照片带给他的震撼和思考:

> 这是家园。这是我们。
>
> 你所爱的每一个人,你认识的每一个人,你听说过的每一个人,曾经有过的每一个人,都在它上面度过他们的一生。
>
> 我们的欢乐与痛苦聚集在一起,数以千计的自以为是的宗教、意识形态和经济学说,每一个猎人与强盗,每一个英雄与懦夫,每一个文明的缔造者与毁灭者,每一个国王与农夫,每一对年轻的情侣,每一个母亲与父亲……人类历史上

的每一个圣人与罪犯，都住在这里——在一个悬浮于阳光中的尘埃小点上生活。

2

尽管卑微渺小如尘埃，但对人类来说，地球却是我们的全部世界，是人类的唯一家园，也是所有历史悲剧喜剧正剧荒诞剧的演出舞台。

那么，这座舞台是如何搭建起来的呢？我们的星球、我们的世界从何而来？

先讲两个故事吧。

故事之一：世界之初，宇宙一片空虚和混沌。只有神的灵运行在水面上。神说，"要有光"，于是就有了光。神认为光是好东西，就把光明和黑暗区分开来。并把光明的时候称为白天，黑暗的时候称为夜晚。

神说，"要有空气，把水分为上下"。于是，神就创造出了空气，将有空气的地方称为天。神说，"天下的水要聚到一起"。水汇聚到一起后，大地就露出来了。

故事之二：在最遥远的年代，天地不分，宇宙就像一只巨大而混沌的"鸡蛋"。这只"鸡蛋"里，睡着一个叫盘古的大神。盘古醒来时，发现外面黑乎乎一片，就拿起斧子一阵乱砍。大"鸡蛋"被砍破了，清而轻的东西向上升，成为天；浊而重的东西向下沉，成为地。

盘古怕天地再合在一起，就站起身子把天往上托，他的身子每天长高一丈,天地之间的距离也就每天增加一丈。一直托了18000年,天地就成了我们现在看到的样子。

这两个故事,第一个来自在西方社会有着广泛影响的《圣经》。按《圣经》解释,我们的世界是神(也就是上帝)创造的。第二个来自中国家喻户晓的神话。按神话的说法,我们的世界也是神(即盘古)创造的。

事实上,除了上帝创世和盘古开天辟地的传说外,世界上那些居住于天南海北,相距十万八千里,操着不同语言,吃着不同食物,有着不同风俗的不同民族,几乎都有各自的关于世界起源的神话。作为远古人类对世界的一种理解,神话只是一个个讲给孩子们听的故事。

在神话故事背后,现代科学的发展,让人类终于基本弄清了我们的宇宙和我们的星球是如何演化发展的。

3

夏夜,如果站在灯火暗淡的楼顶,抬起头,你会看到晴朗的天空缀满了星星。不过,也许很多人没想到的是,这些闪闪发光的星星中,有不少其实已经不复存在了。你所看到的星光,是它们几十亿年甚至上百亿年前发出来的。由于隔着几十亿光年甚至上百亿光年的距离,当它们的光传到地球上时,它们已经走完了作为星星的漫长的一生。

如同人一样,星星也有自己的生与死。

文明的曙光

我们先了解一个词语：宇宙。

所谓宇宙，简单地讲，就是所有空间、时间及其内涵，包括各种形式的物质与能量的总和。

早在两千多年前，我国思想家尸佼就指出："四方上下曰宇，往古来今曰宙。"意思是说，我们生活的空间叫宇，不停流逝的时间叫宙。汉代天文学家张衡进一步指出："宇之表无极，宙之端无穷。"意思是说空间是无限的，时间是无穷的。

现代宇宙学的观点认为，我们这个宇宙起源于一次大爆炸。英国物理学家霍金认为，大爆炸的主角是一个比原子还小、充满了不可思议能量的东西，称为奇点——更准确地说，奇点体积无限小，密度无限大。奇点大爆炸的能量形成了一些基本粒子，基本粒子相互作用，产生了宇宙中的各种物质。

科学家推测，大爆炸后不到1分钟，宇宙的直径就均匀地膨胀到了1600万亿公里并继续加速膨胀，温度则高达100亿摄氏度（太阳核心的最高温度也不过2000万摄氏度）。3分钟后，目前宇宙中存在的98%的物质产生了。

大爆炸距今到底有多久，科学家们一直争论不休。不过，大多数人倾向于认为距今约138亿年。因此，我们的宇宙已经有138亿岁了。——138亿这个数字有多大呢？假如一个人生下来就开始一刻不停地数数，每秒数一个数，而他能活80岁，这80年里，他大约能从1数到25亿。那么，138亿这个数字，足足需要由几代人来接力才能数完。

与古老的宇宙相比，我们的星球要年轻得多。如果把宇宙看成是138岁的超级老寿星的话,那么,地球还是40多岁的大龄青年。从这个年龄比例来说,地球相当于宇宙的重孙辈。

我们的星球位于太阳系。太阳系的核心是太阳而不是地球。太阳位于太阳系中心,它的质量占据了整个太阳系的99.8%。最新测算表明,太阳的诞生比地球略早,大约在距今46亿年前(误差为4000万年)。

太阳是恒星,也就是由炽热气体组成的能够自己发光的天体。夜空中我们看见的满天星斗,绝大多数都是恒星。地球则是行星。行星,就是自身不发光,并且环绕恒星运转的天体。太阳系中像地球这样环绕太阳运转的行星,一共有8颗。如果你能够从太阳的北极点俯瞰,你将会看到8颗行星在椭圆形轨道上以逆时针方向绕着太阳公转,由于它们的公转轨道几乎在同一个平面上,因而就像是在纸上画出的8个轴长不等的同心椭圆。

太阳是地球上光和热的来源。在太阳内部,一刻不停地发生着热核反应,太阳就像一座超级核反应堆。发生热核反应的主要元素,是占太阳质量四分之三的氢。计算表明,太阳的寿命大约为100亿年,目前正处于稳定旺盛的中年。

一种说法认为,再过50亿到60亿年,太阳中的氢将几乎全部耗尽,这时,太阳核心将发生坍缩,太阳会变成一颗红巨星。那时候,太阳急剧膨胀,成为一个不可思议的大胖子,它的半径可能达到现在的200倍,一直扩张到地球轨道。那时候,地球将被太阳吞噬。另一种说法认为,即便地球能够逃脱被吞噬的命运,地球上的水也会沸腾并蒸发,大部分气体将会逃逸到太空。

显然，那样的环境下，地球上不可能有生命生存。不过，在灾变到来之前，人类还有足够漫长的时间向另外的恒星系逃亡——前提是，那时候人类仍然存在。

4

地球是太阳系的一个普通成员，并且，地球的形成也和太阳系的形成有密切的关系。

一种假说认为，宇宙大爆炸后，形成了无数的星际气体和星际物质，并聚集成星际云团，简称星云。众多星云中，有一块称为太阳系星云。由于引力作用，太阳系星云不断收缩、凝聚，并加速旋转，渐渐变成了一个铁饼状的团块。团块的核心部分慢慢分离形成太阳，其余部分分裂为许多行星，并形成行星系统。我们的星球，就是行星系统中的一个。

另一种假说则认为，太阳系内的行星是由另一颗恒星与太阳相互撞击后，从太阳上分裂出来的物质形成的。

如果前一种假说是真，那么，地球是太阳的同胞兄弟；如果后一种假说是真，那么地球就是太阳的亲生儿子。

目前，在地球上发现的最古老物质，是来自澳大利亚的一块锆石晶体，足有44亿年。而地球的年龄，比这块晶体长不了多少：45.4亿年。

在火星和木星轨道之间，有一条小行星带。其中密密麻麻的小行星，就像高峰时段地铁里的人群一样，不时发生碰撞。碰撞的结果，是向包括地球在内的其他行星抛出陨石。

1969年，一块陨石从天而降，当它进入大气层后，形成一个耀眼的火球，划破了墨西哥北部的沉沉夜空。事后，人们在一座小村庄周围捡到超过2000千克的陨石碎片。陨石的年龄，竟然超过了地球，高达45.67亿年。科学家认为，太阳系的形成不会比它早多少，那大约是距今45亿年到50亿年间的事。

形成之初的地球如炙热的地狱。据估测，它的温度高达1800℃—2000℃。与之相比，现代炼钢厂的高温炉为2000℃，至于铁的熔点，只有1539℃。那时候，包括铁在内的重金属汇成一条条暗红的河流，不断下沉，从而形成地球的内核。相对较轻的气体不断上升，形成了早期的大气——这一现象，是否让你联想起盘古开天辟地时的情景？

经过1亿年以上的不断降温，大气中的水分凝结成了液态水，并分布于地球表面。

如果你问水是怎么来的，科学家有三个推测：

第一，早在地球形成时，水分就藏在岩石之间，再由火山喷发带出地表；

第二，由地球之外的彗星带来；

第三，太阳风带来的氢、氧原子，与地球大气圈中的电子结合而成。

至此，作为一座供各种生命轮番上演精彩剧目的舞台，地球总算初具雏形了。

不过，相当长时间里，地球都是生命的禁区。无论是高耸的山脉还是幽深的海洋，抑或一马平川的平原，走遍当时的世界，你也无法找到哪怕最低等的有机生命体。

就像一座舞台搭建完毕，却没有演员粉墨登场。因为生命的诞生和进化，需要极为漫长的时间，我们还需要耐心等待。

第二章 生命的进化

> 物竞天择，适者生存。
>
> ——［英］达尔文

1

1831年的一天，22岁的剑桥大学神学专业毕业生达尔文踏上了一艘名为"小猎犬"号的帆船，帆船缓缓驶出港口，向着茫茫海域进发。以后，这条27.5米长、7.5米宽的竖着双桅杆的木船，先抵达南美洲东海岸的巴西、阿根廷等地，随后又抵达西海岸及相邻岛屿，然后驶入太平洋到达大洋洲，继而越过印度洋来到南非，再绕过好望角进入大西洋。1836年10月2日，"小猎犬"号结束了长达5年的航行，顺利返回英国。

一路上，达尔文细心考察各地地质和动植物的特性，采集了无数标本，并将他的发现写成详细的田野考察笔记。1859年，达尔文在这次重要考察的基础上，出版了名动天下的《物种起源》。

达尔文时代，人们坚信，世界上的一切生命，无论是身为万物之灵长的人类，还是弱小卑微的蚂蚁，莫不是神创造出来的。《物种起源》却石破天惊地第一次提出：生命不是神的杰作，而是由低级向高级逐渐进化发展而来。

但是，由于时代条件的局限，达尔文无法说清楚，生命到底是怎么进化的。

时至今日，地球上大概有1000万种生物。花样繁多的生命，追溯它们的起源，科学家的意见有两种，其一是自源说，其二是他源说。

所谓自源说，就是说地球上的生命独自产生，起源于地球。

1953年，芝加哥大学的诺贝尔奖得主哈罗德·尤里及其学生斯坦利·米勒做了一个有名的实验。他们在两个长颈瓶里，一个装入水，模拟远古的海洋；一个装入甲烷、氨和硫化氢，模拟地球早期的大气。接着，他们用橡皮管子把两个长颈瓶连接在一起，再放了几次电火花，模拟闪电。

几个星期后，奇迹出现了：瓶子里的水变成了黄绿色，产生了氨基酸——它，正是生命产生必不可少的有机化合物。

尤里激动地说："我可以打赌，上帝肯定也是这么干的。"

19年后，米勒重复了1953年的实验。但这一次，他采取了更为灵敏的方法来检查实验产物，结果发现了33种氨基酸，其中10种是生物体所需的。

尤里和米勒的实验表明，生命可能从地球上产生，证明了自源说的可能。

与自源说相反的是他源说。他源说认为，地球上的生命来自于地球以外的太空。

早在1871年，英国物理学家威廉·汤姆森（1892年晋升为开尔文勋爵）就提出：生命的种子可能是陨石带到地球上来的。

只是，一直要等到差不多1个世纪后，当开尔文早已不在人世时，他的预言才被证实：那是1969年9月28日，一个可怕的火球从天而降，像是要点燃澳大利亚的天空。火球划过的地方，飘散出一种古怪的气味。这个火球在一座叫默奇森的小镇上空爆炸，紧接着落下了雨点般的陨石。科学家把这些陨石带回实验室研究后发现，它的年龄和地球差不多，已有45亿年了。更重要的是，陨石上竟布满了氨基酸。

陕西凤翔东湖公园里的一块陨石，最初，很可能是陨石从外太空带来了生命

自那以后，带有氨基酸的陨石发现得越来越多。这也就意味着，带着氨基酸的陨石如同宇宙中漫无目的的生命播种机——想象一下秋天里随风飘散的蒲公英绒球吧——只要蒲公英的"降落伞"把种子带到条件适合的地方，它就会生根发芽。

2

独来独往的老虎出没于茂密的森林，群居的狮子奔跑在非洲稀树草原，各种奇形怪状的鱼类游弋于幽深的海洋，顶风冒雪的

第二章 生命的进化

牦牛是青藏高原的主人……即便是在南极洲的严寒地带，海豹和企鹅仍然生活得有滋有味；甚至，深达数百米的喀斯特洞穴深处，千万年来暗无天日犹如冥界，但一种视力已经完全退化的鱼儿却把它当作世外桃源。

地球上的生命如此迥然不同，却又如此顽强地繁衍生息。你也许没有意想到的是，千差万别的地球生命，存在着非常重要的共性。比如它们都由蛋白质构成，而蛋白质又都由同样的20种氨基酸组成。至于它们的遗传信息，都储存在DNA，也就是脱氧核糖核酸分子中，并通过RNA，即核糖核酸进行传达。此外，它们繁殖后代、产生能量和生产蛋白质的化学反应途径也相同。

如此之多的重要共性暗示了一点：地球上的所有生命，很可能有一个共同的祖先。

只是，这个共同的祖先到底是什么，还没有人能够说得清楚。

3

不管生命来自太空还是产生于本土，一个不争的事实是：当地球上出现第一个最简单的单细胞古细菌时，距地球最初形成已经过去了几亿年。

2017年，英国伦敦大学的科学家们在加拿大发现了迄今为止最古老的微生物化石。这些化石形成于一个富含铁的深海热泉中。深海热泉为地球上的第一批生命形式提供了栖息地，时间可以追溯到距今约35亿年以前。

最早出现在地球上的生命非常简单，只是由膜包裹的一些有机物而已，它们被命名为原核生物。原核生物绝大多数都由一个细胞组成，没有细胞核。与原核生物相对的是真核生物。真核生物具有由双层膜包裹起来的细胞核。包括人类在内，地球上的植物和动物都是真核生物。

原核生物又可以分为细菌和古菌两类，古菌就是最早入住我们星球的居民。原核生物不仅构造简单，"身材"也实在小得可怜：它们大多数直径只有1微米——10000只原核生物头尾相接穿在一起，也只有1厘米。因而，人类必须借助高倍显微镜，才能一睹它的尊容。

原核生物虽小，却遍布整个地球，包括我们的口腔、鼻腔和肠道，都是原核生物家族生生不息的美好家园。

这得益于它们极强的适应能力和极快的繁殖速度。

前者，一些原核生物能生活在100℃的高温或是10000多米深的海沟中，一些原核生物甚至能以石油为食。

后者，比如大肠杆菌，20分钟就能繁殖一代——20分钟前它刚出生，20分钟后，它做爸爸了；1小时后，它已是曾祖父了。

古细菌虽然默默无闻，但它们对地球变得宜于出现高等生命却功不可没。刚形成几亿年的地球上，大气中混合着大量有毒的硫化氢。——如果你闻过臭鸡蛋味儿，就知道硫化氢的味道了。一些古细菌却以水滴石穿的执着，慢慢消化包括硫化氢在内的有害物质，并通过光合作用释放出氧气。

文明的曙光

低等的细菌、蓝藻和绿藻,这些简单的生命占据了地球进化史上极为漫长的时间。直到22亿年前,也就是原核生物出现约13亿年后,地球进化史上的第二起重大事件发生了:真核生物诞生。

与原核生物相比,真核生物的细胞就是一些体量巨大的巨无霸,它们的直径从原核细胞的1微米,扩张到了几微米甚至几百微米。如酵母菌的直径可以从4微米到50微米,草履虫长180微米到280微米,变形虫更是长达220微米到740微米。如果把真核细胞放大到一个房间那么大,相应的,原核细胞却只有一只水瓶那么大。

从含有较为丰富的有机质的池塘或水沟里,舀起一瓢水来,如果你的眼力和运气都足够好的话,你可能会发现,水里有许多针尖状发亮的白色小点在浮动。把其中一个白色小点置于显微镜下,你会看见一只状如鞋底的虫子。

它就是草履虫。它在我们这个星球上生存的时间,再没有第二种生物能够相比。

草履虫是单细胞真核生物,也就是由一个细胞构成,因此它的体长只有180微米到280微米。至于其寿命,大多以小时计算,一般生存一个昼夜,生命最长的一种草履虫是它们家族的寿星——能够活5个昼夜。

尽管草履虫非常渺小,但它的体积已经是普通真核细胞的上千倍,更是一般细菌的10万倍。因此,它们不但能够吞食细菌,还能够吞食其他真核细胞如藻类。它用口沟来吃东西,那相当于动物的嘴和咽喉；用食物泡来消化食物，那相当于动物的胃；用收集管和伸缩泡来收集和排泄，那相当于动物的肾脏、膀胱和尿道；用纤毛来游泳，那相当于动物的四肢。因而，科学家认为，草履虫可以看作是地球上最早的动物。关于它出现的时间，至今有不同说法，其中一种说法，估计它出现于20亿年前。

生命总是从低级向高级演变，从简单向复杂进化。从微米级的原核生物到数百微米级的真核生物，这是生命发展史上的一次重大突破。

接下来，真核生物如果还想变得更大更复杂，有两条路可走。一条是细胞变得更大更复杂，但仍然是草履虫和变形虫那样的单细胞生物。但是，由于细胞与外界环境交换物质的限制，这条路没法继续走下去，至多只能发展到草履虫和变形虫的水平。

也就是说，如果没有第二条路，我们这颗星球上，现在也只有海量的草履虫和变形虫，而没有千姿百态的植物和五花八门的动物。

第二条路就是多个细胞聚集，形成更大更复杂的生物体。于是，多细胞生物出现了。

而最早的多细胞生物，一些科学家认为，有可能是距今12亿年前的一种红藻。之后，另一些多细胞生物也粉墨登场，比如一些奇形怪状的软体胶状生物。

尽管与古细菌和单细胞原生生物相比，多细胞生物已经有了突飞猛进的发展，但在我们看来，它们仍然十分低级：不论是蠕虫还是海绵，它们都既没有嘴，也没有消化腔，更没有中枢神经系统。以海绵而言，它依靠布满全身的鞭毛和一个筛子状的环状物维生——它摆动鞭毛将海水里的氧气、微小藻类和其他有机屑吸进环状物，经过过滤，成为维持它生命的粮食。

但是，只要给予生命足够的时间，它就能够日复一日，年复一年地进化——许多年以后，多细胞生物中的蓝鲸已经可以长达30多米，体重达170多吨；而作为万物之灵长的人类，则由大约60万亿个细胞组成。

4

澄江现在是云南的一个县级市，距省会昆明只有50多公里。澄江东边，有一座不太起眼的小山，叫帽天山。

1984年6月，中国科学院南京地质古生物所实习研究员侯先光，每天都要爬到帽天山上，仔细寻找古生物化石。

连续一周都没什么收获，这不禁让他有些失望。谁知，7月1日下午，奇迹发生了：侯先光无意中踩落了一块松动的岩石。岩石下面，竟露出一块形状奇特而又完好的化石。经过观察，侯先光判断出这是一块寒武纪早期的无脊椎动物化石。接下来的收获更让他喜出望外：他接连发现了三块化石，分别是纳罗虫、腮虾虫和尖蜂虫。

此后，就在帽天山及周边地区，先后发现了17个生物类别近100个属种的化石。这些化石统称为澄江生物群。澄江也成为迄今为止世界上发现古生物门类最多的地区之一。

云南澄江帽天山

种类繁多的古生物化石,既再现了寒武纪早期海洋生物的真实面貌,也为揭示地球早期生命演化的奥秘提供了宝贵证据。

与此同时,澄江生物群还指向了地球生命演化史上的一起重大事件——寒武纪生命大爆发。

所谓寒武纪生命大爆发,是指距今5亿多年前的寒武纪时期,在前后2000万年里,地球上突然爆发性地出现了各种各样的生物。节肢动物、腕足动物、蠕形动物、海绵动物、脊索动物等一系列与现代动物形态基本相同的生命在地球上集体亮相,就像一座原本寂寞的舞台,突然拥上川流不息的演员。

寒武纪生命大爆发曾令达尔文迷惑不解。因为,按他的进化论观点,生命的演进是循序渐进的。可在寒武纪岩层中发现的大量生物化石，在比寒武纪更早的岩层中却没有找到明显的祖先。他为此忧心忡忡，担心寒武纪生命大爆发会成为别人攻击进化论的最有力的武器。

时至今日，科学家对寒武纪生命大爆发已经做出了一些解释。比如，有一种意见认为，导致寒武纪生命大爆发的原因，是当时大气和海洋中的氧气含量迅速增长，从而加快了生命的演进。

寒武纪生命大爆发的主角是带壳动物、软体动物和节肢动物。又是漫长的1亿年之后，在距今4亿年前，鱼类大量出现，游弋于辽阔的海洋和湖盆。第一只青蛙也从水里跳上陆地，瞪着鼓突的眼球看了看四周——大地上，第一次出现了蕨类植物的身影。

随后几千万年里，鱼类迎来了它们的全盛时期，昆虫粉墨登场并盛极一时。裸子植物出现了——你所熟悉的松树、柏树和杉树都属于裸子植物。

到了距今3亿年左右，一块超级大陆——德国地质学家魏格纳把它称为盘古大陆——慢慢成形。那时候，地球上的海陆分布与今天完全不同：陆地是一个统一的整体，周围环绕着辽阔的海洋。当然没有欧洲、亚洲、美洲之分，也没有太平洋、印度洋、大西洋的区别。

盘古大陆形成之后，一场可怕的灾难突然袭击了地球。这场灾难长达数百万年，欣欣向荣的地球生命遭遇了空前打击：据估计，大约96%的海洋生物和70%的陆地动物灭绝。

这就是二叠纪大灭绝。

它与寒武纪生命大爆发一样，是地球生命进化史上的重大事件。

到底是什么样的灾难导致二叠纪大灭绝呢？根据有限的资料，目前有几种假说，其中可能接近真相的是陨星撞击加超级火山爆发。

5

气候严寒的南极大陆孤悬海外，覆盖着亘古不化的冰雪。借助人造卫星和遥感技术，科学家发现，在南极洲东部的威尔克斯地，冰层1600米下面，有一个巨形"伤口"。这道"伤口"，直径将近500公里——差不多相当于从北京到青岛的直线距离。

造成这道"伤口"的，据估计，是一颗直径达48公里的陨石——如此大的陨石，应该称为小行星了。

大约2.5亿年前的一天，这颗意味着死亡和毁灭的小行星呼啸着从天而降，撞击到了盘古大陆。

小行星的猛烈撞击，诱发了地球上一连串超级火山大爆发。在数百万年的时间里，地球成了一座生命的炼狱。首先，大撞击直接将大量生物杀死。其次，海量尘埃和酸性气体冲向大气层，尘埃阻挡了阳光，地球上昏沉如夜，植物无法进行光合作用。酸性气体导致酸雨倾盆，大量陆地植物和动物被杀死或因缺食而饿死。最后，火山爆发点燃了煤层，引发森林大火，并产生巨量二氧化碳。侥幸生存下来的动植物，再一次遭遇劫难。

诸多因素叠加在一起，二叠纪生命大灭绝成为活生生的现实。

300多年前的明朝崇祯年间，一个叫张华东的人在山东泰安大汶口偶然发现了一种被裹在石头里的怪物。看上去，怪物如同一只展翅飞翔的蝙蝠。于是，他把石头命名为蝙蝠石。

200多年后的20世纪20年代，古生物学家发现，蝙蝠石其实是一种三叶虫的尾部。

寒武纪晚期，三叶虫曾是海洋中数量最为众多的生灵。为了更好地适应环境，生活于不同地区、不同环境下的三叶虫，其形体也有相应变化：有的头、胸、尾三部分大小均等，壳体缓平；有的头部又宽又大；有的在胸部和尾部长出了尖尖的针刺；有的壳体能卷曲成球状。

这样的进化，使得三叶虫家族在浅海和深海，以及海底和泥沙中都有分布，它也成为寒武纪最具代表性的远古生物。

然而，突如其来而又极为漫长的二叠纪大灾难，使得这种在地球上生存了3亿年的生物终于完全灭绝。

6

人们常说，时间是医治创伤最好的医生。

为了医治二叠纪大灭绝造成的创伤，将地狱般的星球恢复到从前面貌，地球可能耗费了超过1000万年的时间。

之后，地球再一次变得生机勃勃。

并且，在距今约2.2亿年左右，一种我们津津乐道的生物登场了。

那就是恐龙。

更为重要的是,哺乳动物——自然也包括人类——的祖先也在这时出现了。

哺乳动物的祖先是爬行动物,不过,不是你所认识的蛇或鳄鱼,而是另一种爬行动物,科学家把它称为"似哺乳类爬行动物"。

爬行动物出现不久,就分化成两支。一支称为双孔亚纲,它是包括恐龙和除了龟、鳖之外的大部分现代爬行动物以及鸟类的祖先;另一支称为合弓纲,合弓纲中的盘龙目动物就是最早的似哺乳类爬行动物。后来,这一支又演化成兽孔目,兽孔目就是哺乳动物的直接源头。它和现代哺乳动物一样,有毛发、乳腺和四肢。如果从这个进化谱系倒推过去,人类和恐龙其实也是远房亲戚。

1841年,英国古生物学家理查德·欧文——他也是历史上第一个倡导把博物馆向公众开放的人——在研究几块看上去有些像蜥蜴骨头的化石时,断定它们可能是远古动物留下来的,并将其命名为恐龙,意思是"恐怖的蜥蜴"。

与此前出现的爬行动物相比,恐龙有着稳健的四肢,可以直立和奔跑。恐龙家族兴盛了大约1.6亿年,虽然还比不上三叶虫,却超过了哺乳动物,更是远远超过人类。

恐龙家族兴盛的主要原因,就在于直立的特征使它们能够更方便地觅食和观察敌情。

在恐龙时期登上历史舞台的,还有被子植物、鸟类和有袋类哺乳动物——比如你喜欢的考拉和袋鼠。

距今约6500万年前的白垩纪后期，恐龙在地球上的霸主地位被强行终止。终止它的是一次类似于二叠纪大灭绝的灾难。很可能，同样是一颗小行星——但要比二叠纪那一颗小一些——撞击了地球，从而带来火山喷发、海啸和地震等一系列灾难，导致全球生物大灭绝。

包括恐龙在内的诸多生物永远消失了。当姗姗来迟的人类终于见到它们时，它们已深埋在地下成为坚硬的化石。

恐龙的毁灭，再次证明了"物竞天择，适者生存"的道理。

关于恐龙灭绝的原因，说法有多种，其中最为人接受的就是前面说过的小行星撞击。

撞击的位置在今天的墨西哥湾，小行星的直径大约10公里——与二叠纪那颗相比，要小得多。但是，它的威力仍然不可低估。美国科学家丹尼尔·杜达认为，当它撞击到地球后：

> 短短几分钟或是几小时之内，曾经郁郁葱葱、充满生机的世界变成了一个完全寂静、死气沉沉的世界。尤其是在撞击点周围的方圆数千英里范围内，那里的一切几乎都被彻底摧毁了。

撞击引发的火山爆发及火灾，使得大量有害气体遮天蔽日，植物大批死亡。随之而来的，便是大批物种——其中最重要的就是恐龙——走向灭绝。

恐龙的灭绝，对恐龙家族来说，自然是亘古的悲剧，然而对其后登场的生命来说，却是一次难得的机会。当恐龙这种大型动物消亡殆尽，一些小型动物艰难地活了下来。同时活下来的，还有恐龙的一些"亲戚"，比如鸟类和鳄鱼。

7

恐龙灭绝后，哺乳动物迎来发展良机，被子植物欣欣向荣。不过，这时的哺乳动物都很小，很多只有老鼠那么大。最早的哺乳动物出现在2亿年前，曾与恐龙长期共处。幸好，与庞大的恐龙相比，它们体形极小，恐龙才无视它们的存在，没把它们当作可口的晚餐。

恐龙灭绝之后，还要等上四五千万年，也就是到了距今1400万年左右，人类的祖先姗姗来迟，终于出现在我们的星球上。那是一种被称为腊玛古猿的生物。

如果让腊玛古猿站在人和大猩猩之间，你一定会发现，腊玛古猿更像大猩猩而不是更像人。它身高只有1米多，体重大概20千克，脑容量只有可怜的300毫升。更重要的是，它只能半直立行走，大多时候还要像猴子那样跳来跳去。

1974年，在埃塞俄比亚的一个考古现场，出土了一具化石。化石是一个大体近似于人的古猿，约20岁，女性。在庆祝这一考古发现的宴会上，播放了一首披头士的歌，歌名叫"露西在缀满钻石的天空"。

为此，考古学家给这具化石取名叫露西。露西生存的时代，距今约320万年。

露西属于继腊玛古猿之后的另一种古老生灵，它们被称为南方古猿。南方古猿又被称为"正在形成中的人"，由此可见它与人类的亲缘关系比腊玛古猿更近了一步。

科学界的一种观点认为，埃及古猿是人类与猿类的共同祖先：它的一支通过森林古猿进化为现代的黑猩猩和大猩猩；另一支通过腊玛古猿、南方古猿进化为现代人类。因此，在生物分类上，森林古猿属于猿科，而腊玛古猿、南方古猿属于人科。

露西和它的同类已经能够直立行走，不再像腊玛古猿那样跳来跳去，但它们仍然习惯居住在树上。比较重要的是，它们已经会使用天然的工具：石头、树枝、泥土等。不过，它们还不会制造工具，也没有会用火的迹象。为了在险恶的环境中生存，南方古猿过着群居生活。

露西虽然有320万岁了，但它并不是最早的南方古猿。最早的南方古猿可以追溯到400万年到500万年前。

无论腊玛古猿还是南方古猿，都带有一个猿字，说明它们还没有完全进化成人，还行走在从猿通往人的路上。

与之相比，最早出现的被冠以"人"字的人科动物是继南方古猿之后的"能人"。

一种观点认为，南方古猿后来分化成两支。一支称为粗壮南猿，它们在大约100万年前或更晚些时候灭绝了；另一支称为纤细南猿，它们发展成为"能人"。"能人"出现于距今约280万年前，消失于距今约180万年到160万年之间。

"能人"这个"能"字，说明它们有制造工具的能力。与只会使用天然工具的南方古猿相比，这是一个跨越式的伟大进步。可以说，当"能人"第一次通过敲打制造出一柄最简陋的石斧时，其意义一点儿也不亚于发明蒸汽机或是人类首次登月。

"能人"的脑容量已经跃升到了平均646毫升，这证明它们比此前的古猿更聪明。除了会制作比较粗陋的石器外，它们还会修造简单的类似于窝棚的居所，用以遮风避雨。与此同时，语言已经产生。在人类进化史上，这无疑是具有划时代意义的重要一步。

依靠集体的力量和智慧，平均身高只有1.4米的"能人"，能够猎取中型猎物，如野驴、鹿和羚羊。

那么，是什么原因使得古猿变成了"能人"呢？

南方古猿时期，气候剧烈变化，古猿栖息的原始森林，树木大量死亡，森林渐渐变成草原或稀树草原。原本习惯于树居生活的古猿被迫转移到地面活动，并开始用前脚捡拾或采摘果实。天长日久，多少代的进化之后，前脚慢慢变成了手。手与脚分工后，它们学会了直立行走。不过，与现代人相比，它们的背部不像我们这样挺直，总像佝偻着身子。

直立行走有两大直接好处：一是为头部发展提供了条件，它们变得比祖先更聪明；二是头颅位置的改变，使得发声器官得到了进化，从而为语言的诞生提供了必要条件。

这一系列变化，终于使古猿慢慢过渡到人。

8

在法国亚眠市郊的圣阿舍尔，索姆河静静流过。河边30米高的台地沙土层中，出土了一批史前石制品，包括用木棒或骨棒打制而成的手斧等工具。这一史前遗址称为阿舍利文化。

阿舍利文化的主人，是继"能人"之后的直立人。

非洲原本是各种古猿和早期人类的发祥地，但在100万年前，由于冰河期来临，非洲开始草原化，直立人四处迁徙，像蒲公英的种子一样飘向四方。

在我国的云南元谋、陕西蓝田、北京周口店和湖北郧阳等诸多地方，都发现过直立人化石。

直立人已经能像现代人一样直立行走，身材明显变得高大，平均约160厘米，体重60千克。尤为重要的是，他们学会了用火。从那以后，人类既得以食用经过烘烤的更容易消化的食物，同时也不再恐惧漫漫寒夜。

火的使用，使人类与兽类之间有了霄壤之别。

直立人存在于距今约200万年到20万年间。在人类进化史上，直立人占据了很长一段时间。

直立人还保留着原始的兽性，比如食人的习惯。北京周口店遗址里，发现了大量人类头骨化石，而其他部位的骨头化石却很少。

为什么会出现这种情况呢？其他部位的骨头化石都去哪儿了？

考古学家推测，那是因为直立人在食人时敲骨吸髓，骨头都被他们砸碎了。头盖骨之所以完好，是它可以用来盛水，因而得以保存。

曾经，直立人被认为是现代人的祖先，但最新研究却表明，直立人与我们并没有亲缘关系。他们在20万年前被后来居上的智人灭绝了。而智人，才是我们的直接祖先。

智人分为早期智人和晚期智人。

早期智人生活在距今约25万年到3万年之间。

直立人在欧洲演化出海德堡人，海德堡人又演化出尼安德特人。对于尼安德特人到底是单独物种还是智人的一个亚种，学术界一直有不同看法。不过，曾经兴旺发达的尼安德特人，却遭到了智人的毁灭性打击——尼安德特人在3万年前灭绝，但现代人的体内，还有他们的DNA。

晚期智人又称新人——与此相对，早期智人被称为古人——生存于距今约4万年到1万年之间。如果晚期智人和我们站在一起，已经不太好区分了。

从浩荡宇宙中形成一颗小小的星球，到具有现代人特征的晚期智人出现，弹指一挥间，45亿年过去了。

从现在起，人类将成为这颗蓝星的主宰者，成为万物之灵长和上天独宠独爱的骄子。

9

假设我们把地球历史按比例缩短为一天，你将会直观地看到，地球和地球上的生命是如何演化的。

文明的曙光

首先要说明的是,按这种比例,24小时等于45.67亿年,那么,1小时相当于190292万年,1分钟相当于317万年,1秒钟相当于52859年。

0点整,地球诞生。

从0点到3点的整整3个小时里,地球上没有任何生命活动,到处都是死寂的生命禁区。

凌晨3点15分,古细菌出现。

凌晨4点,最原始的单细胞生物出现。

清晨6点,最早的以硫为基础的微生物出现。

中午11点18分,蓝藻开始释放氧气,地球上的氧气浓度首次大幅增长。

下午3点45分,出现多细胞生物。

晚上9点8分,三叶虫登台,地球迎来寒武纪生命大爆发。

晚上9点50分,动植物由海洋登上陆地。

晚上10点25分,地球上覆盖了石炭纪大森林,第一批带翅的昆虫出现。

晚上11点,恐龙登场。

深夜11点45分,哺乳动物姗姗来迟。

按同样的方法,如果将地球历史浓缩为一年,地球进化史上的大事将会是这样的:

1月1日,地球形成;

1月11日,液态水形成;

2月底,古细菌出现;

7月初，单细胞生物出现；

9月中旬，多细胞生物出现；

11月下旬，寒武纪生命大爆发；

12月中旬，二叠纪生命大灭绝；

12月中旬到26日，恐龙时代；

12月30日，古猿出现；

12月31日下午5点，原始人出现；

12月31日晚上11点30分，现代人出现；

12月31日晚上11点59分，文明开始……

10

"旅行者1号"已经在寒冷黑暗的太空中孤独飞行了40多年，它还将继续向着外太空前进。根据对太阳系边界的不同定义，一种说法认为它已经飞出了太阳系——如果以海王星轨道外的柯伊伯带做太阳系边界；一种说法认为它还在太阳系内——如果以更为遥远的奥尔特星云为太阳系边界。

不管有没有飞出太阳系，对这个目前为止距离人类最遥远的人工飞行器——截至2019年10月，它距地球已有210多亿公里——假设它要见到宇宙中最近的另一轮太阳（另一颗恒星，对地球来说，即比邻星），至少还需要飞行漫长的75000年。——大概是从尼安德特人遍布欧洲到你读这本书的这个时间段。

"旅行者1号"带有一张铜质磁盘唱片，内藏金刚石留声针，

第二章 生命的进化

文明的曙光

能保证它在10亿年后还保持现有音质。唱片里,用55种人类语言录制了人类对外星生命的问候,其中4种语言来自中国:普通话、闽南语、粤语和吴语。

另外,有90分钟的声乐串烧,包括地球上自然界的各种声音以及27首世界名曲,巴赫、莫扎特、贝多芬作品之外,还有中国古琴曲《流水》。

唱片上,还有115幅影像:太阳系各行星的图片,一男一女的裸体形象。

时任美国总统卡特的声音也在其中,他代表人类向外星人问候:

> 这是一份来自一个遥远的小小世界的礼物。上面记载着我们的声音、我们的科学、我们的影像、我们的音乐、我们的思想和感情。我们正努力生活在我们的时代,希望能进入你们的时代。

迄今为止,尽管人们声称发现过各种各样的UFO,也有过各种各样的外星生命传说,但是,这些传说没有一个被证实。

在这些传说被证实之前,人类是宇宙中唯一的生命。

面对浩渺星空,面对浩渺星空中的暗蓝光点,人类既为自己漫长而丰富的历史自豪,也为自身的孤独和寂寞黯然神伤。

所以,"旅行者1号"其实是代表全人类,向着我们头顶无穷无尽的星空,大声地问:

外面有人吗?

第三章 什么是中国

宅兹中国，自兹乂民。

——何尊铭文

1

陕西省宝鸡市有一座青铜器博物馆。馆里，珍藏着一只称为何尊的青铜器。尊，是古代的酒器，相当于酒杯。

1963年6月，宝鸡市贾村镇农民陈某租用了邻居两间房子。房子后面，有一道不起眼的土崖。8月的一场大雨后，土崖垮塌了一部分。陈某发现，垮塌后的土崖里似乎有些亮光。他用锄头刨了一阵，刨出一个超过14千克重的铜器。

只是，他完全没想到，这只看上去并不起眼的铜器，后来竟被评为国家一级文物。陈某随手把铜器放在屋角，完全没有在意。第二年，他离开宝鸡时，把它交给了邻居，邻居把它当废品卖到了收购站。收购站给他的报酬是30元。

当年，宝鸡博物馆的一个工作人员偶然在收购站看到了这件铜器，初步判断是一件珍贵文物，于是回去向馆长报告。馆长派人查看后，也认定是珍贵文物，便以收购站当时的收购价30元，将其购回博物馆。

以后，经考古人员研究确认，这是一件西周时期所铸的青铜酒器，从铜器上的铭文看，是一个叫何的贵族所制。因而，命名为何尊。

何尊上的铭文共有122个字，记载了西周初年的一段历史：周成王遵循周武王遗旨在成周营建都城，竣工后，举行祭祀仪式并对贵族训话。

成周，又称洛邑，在今天的河南洛阳。

122字的铭文里，最引人注目的四个字是：宅兹中国。

今天，我们称自己的国家为中国，称自己为中国人，而能够追溯到的最早出现的"中国"二字，就是在这件青铜器上。

"宅"意为居住，"兹"意为这里；宅兹中国，就是居住于中国。

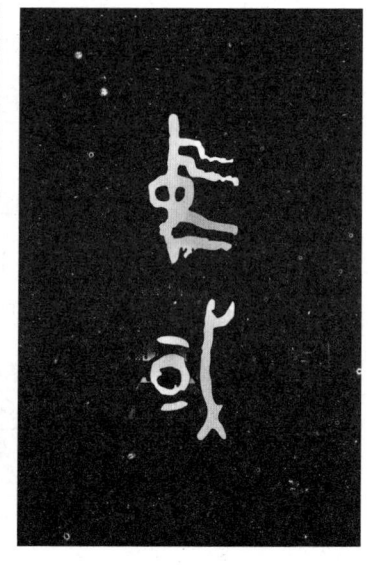

何尊上的文字　　　　　　　　何尊上的"中国"二字投影

很显然,当时的"中国"和我们今天说的中国不是一回事。

从地理上说,今天的中国包括了由960万平方公里的陆地和近300万平方公里的海洋组成的庞大疆域;而何尊所说的中国,指的是位于中原大地的成周,即洛河北面的洛邑。

也就是说,古人所谓的中国,是一个不断发展变化的概念。最初,它仅指周朝首都洛邑一带。后来,它又指华夏族、汉族活动的地区,如河南及其周边地区,因为它处于四夷之中,并与中土、中原、中州、中夏、中华的含义相同。

随着华夏族、汉族疆域的扩大,中国的概念也在不断扩充。19世纪中叶以后,"中国"开始用来专指我国的全部国土。本书所讲的中国故事,其"中国"含义,也沿袭这一概念。

2

你很可能听说过四大文明古国。早在100多年前,梁启超就认为"地球上文明古国有四:中国、印度、埃及、小亚细亚是也"。日本广播协会电视台(NHK)的大型纪录片《世界四大文明》也认为,中国、埃及、美索不达米亚和印度为世界四大古文明。

通常,人们把中国、古埃及、古巴比伦(位于西亚,即小亚细亚,因地处底格里斯河与幼发拉底河中下游地区,故又称两河流域。美索不达米亚在古希腊语中义为两河之间的地方)和古印度称为世界四大文明古国。有时候,还把古希腊也加上,称为五大文明古国。

不知道你注意到没有，除了中国，其他三国——或者四国——前面都加了一个古字。

这个"古"字表明，这三国或四国的古代文明与现代社会之间，已经没有太多的关联。除了中国之外，其他几个文明古国的文明都曾经中断过。或者说，创建古文明的先人，与生活在该地区的现代人，没有什么关系。

我们以印度为例来说明这种文明的中断。

早在4000多年前，印度河流域就出现了灿烂的古文明，称为哈拉巴文化。后人在对一座叫摩亨佐-达罗的古城遗址的考古中发现，当时的城垣由砖块砌成，城内街道笔直，主街宽达10米，街道上还有路灯灯柱和下水道，城区又分为若干个街区，街区由若干小巷构成，城中心建有大型公共浴池和水井以及粮仓。

然而，哈拉巴文化兴旺发达几百年后，被来自伊朗高原的雅利安人所灭。雅利安人占领印度后，把古印度原住民贬为奴隶，并形成了严酷的种姓制度。古印度文明至此终结。

其他几个文明古国，也遭遇过差不多的情况。只有中国，其文明一直不曾中断。直到今天，我们还能阅读两三千年前的文字，还保有不少两三千年前的风俗习惯，两三千年前古人的思想对今天仍然不无影响，而几乎所有的中国人，都自认是炎黄子孙。

这中间，一定有一些深刻的原因。

3

最重要的原因,来自地理。或者说,地理环境对人类历史进程有着深远而连续的影响。

古埃及、古希腊和古巴比伦文明的肇兴之地,都在地中海周边,处于亚、非、欧三洲接合部,每一个文明都缺少巨大地理屏障的庇护。一旦有强大的邻居崛起,往往就意味着摩擦、战争和灭绝。

印度虽然远离地中海和三大洲接合部,但从伊朗高原直到两河平原,也没有高山大岭作为天然分界线,同样容易遭到外来者的攻击。

唯有中国,幸运地拥有得天独厚的地理环境。因而,美国历史学家伊沛霞认为,"中华文明是在一种特殊的地理环境中发展起来的"。

打开地图,你会发现,中国处于亚洲东端。再往东去,便是茫茫无际的太平洋,隔海相望的,是面积不大、历史上受中华文明辐射的日本。北面,是戈壁和草原,越往北,人烟越稀少,越不宜人居。南方,是中南半岛上的热带雨林;中南半岛本身没有产生过强大的文明,完全不足以对中国产生影响和威胁。西面,是绵延数千公里的高大山脉以及被称为世界屋脊的青藏高原。这些山脉和高原的意义至关重要——它们把中国与中亚和欧洲彻底地分隔开,为中国创造了一个辽阔而独立的生存空间。

被高原、山脉、荒漠和海洋包围的中国,拥有一个独立的空间，而这空间又足够辽阔，足以生息海量人口，也足以使古老文明在这片土地上一以贯之地延续和发展。

因此，从某种意义上说，中华文明也是一个孤独的文明。

4

现在，让我们来认识一下中国最重要的地理单元吧。

我们先认识一下河流。水利部和国家统计局2013年发布的《第一次全国水利普查公报》表明，我国目前流域面积在50平方公里以上的河流有45203条，流域面积在100平方公里以上的河流有22909条，流域面积在1000平方公里以上的河流有2221条，流域面积在10000平方公里以上的河流有228条。由于我国地势西高东低，大多数河流都由西向东或大致由西向东流淌。

最重要的河流首推黄河。

全长5400多公里的黄河，以长度论，在中国排第二，在全球排第五。

青藏高原巴颜喀拉山脉的冰川融化为冰冷刺骨的雪水后潺潺流淌，是为黄河源头。黄河在依次流经青海、四川、甘肃、宁夏、内蒙古、陕西、山西、河南及山东9个省、自治区后注入渤海。

我们常常赞美黄河，把它称为母亲河，是因为中华民族最初的发展，就在黄河流域。

黄河中下游地区，一望无际的大平原坦荡如砥。由黄河冲积而成的平原，土质松软肥沃，生产技术落后的上古人类，只需要简单的木制、石制或骨制农具，就能够开垦耕种。并且，黄河还提供了灌溉的便利。在黄河的哺育下，早期中华文明星星点点地出现在黄河中下游地区，并最终形成燎原之势。

黄河水量并不大，但它是一条如同野马般狂放不羁的河。历史上，黄河经常改道。以黄河开封段为例，如今的黄河，从开封城北10多公里的地方流过。但在千年前的宋朝，它的位置比今天更靠北好几十公里，远在延津一带。至今，延津还有一个景点，就叫黄河故道森林公园。

黄河的每一次泛滥和改道，都是对文明的一次沉重打击。由是，治理黄河便成为每个朝代至关重要的大事。

其次是长江。长江是中国第一长河，全球排名第三，仅次于滋润了古埃及文明的尼罗河和流淌于南美大地的亚马孙河。如同黄河一样，长江也发源于青藏高原的冰川。有一个词叫滥觞，用来比喻事物的起源和发端。究其原意，是指江河发源之处水量很小，只能浮起酒杯。《孔子家语》中说："夫江始出于岷山，其源可以滥觞。"正是皑皑冰雪化作的一条条滥觞的小河，汇聚成了波澜壮阔的长江。

长江一路流经青海、四川、西藏、云南、重庆、湖北、湖南、江西、安徽、江苏和上海11个省级行政区，在崇明岛以东注入东海，全长6300余公里。

以往，史学家们一般认为中华民族的发祥地在黄河中下游地区，即今天的河南一带。但是，近年来的考古发现表明，如同黄河一样，长江也是中华民族的发祥地。

也就是说，如同长江、黄河不是一个源头一样，中华文明也不只有一个源头，而有多个源头。

长江流到江西一带后，江阔水深，宽度一般在5公里左右，较宽的地方达到了十几公里。冷兵器时代，长江一方面影响了南北交通，另一方面又成为战略上的天堑。当两个或多个政权对峙时，长江常常就是天然分界线。如东晋和南宋，都借助长江险阻，在南方延续各自国祚。

黄河和长江的流向是自西向东，两者之间，淮河大体呈西南至东北走向。古人把淮河与长江、黄河和一条如今已消失的名叫济水的河并列，称为"四渎"。渎，就是有独立出海口的大河。

由于淮河屡次改道，如今的淮河水一部分依靠人工修建的苏北灌溉总渠入海，另一部分注入长江。

作为一道重要的地理分界线，淮河长期与一座著名的山脉——秦岭——联系在一起。秦岭—淮河既是我国南北方的分界线，还是其他多项地理或气候的分界线。

比如，它是800毫米等降水量线的分界线。以北，年降水量低于800毫米，以南，年降水量高于800毫米。

降水的多寡，又使南北两地分成了半湿润区和湿润区。

降水还反映到植被上，秦—淮以北是温带落叶阔叶林，以南是亚热带常绿阔叶林。简单地说，到了冬天，秦—淮以北的树木大多会掉光叶子，露出的光秃秃的枝条，像一些挥舞在空中的铁丝；以南则如同其他季节一样葱绿一片。

降水还反映到农业和生活上，秦—淮以北是旱地农业，大多种植小麦，食面；以南是水田农业，大多种植水稻，食米。

再次是汉江。济水消失以后，人们又常把江河淮汉并列。其中，汉就是汉江。长达1500公里的汉江发源于秦岭，蜿蜒流进湖北，在武汉注入长江。

汉江是长江最大的支流，流向大体呈西北—东南方向。这种流向使汉江成为沟通黄河流域与长江流域最重要的通道。

汉江下游，武汉地处中国腹地，历来被誉为九省通衢，汉江在这里注入长江。汉江中游，襄阳是我国南北东西交通的重要孔道和枢纽，称为天下腰膂（lǚ）。汉江上游，汉中盆地沃野千里，刘邦以它为基地，击败项羽，建立了汉朝。

汉江和汉朝、汉人、汉语、汉族的命名都有着深厚的渊源。

最后是大运河。运河就是人力开凿出来的河道。中国境内最早的运河叫胥溪，开凿于周敬王十四年（前506）的春秋时期。当时，吴王阖闾攻打楚国，为了方便军粮运输，命伍子胥开挖运河，联结起太湖和长江，途经宜兴、溧阳、高淳和芜湖等地。后人为了纪念伍子胥，把它叫作胥溪或胥江。

春秋战国时期，诸侯都很重视开凿运河。吴国开凿了胥溪，以后又开凿了胥浦、百尺渎、邗沟、菏水；越国开凿了山阴水道；楚国开凿了江汉运河；魏国开凿了鸿沟（楚汉相争时，它成为二者的分界线）。

不过，与后来的大运河相比，这些运河规模要小得多。

自秦汉以来，首都设在关中地区。关中平原虽然富庶，仍然需要从南方运输大量物资补给。运输这些物资，最好的方式是水运。这样，开凿沟通南北的大运河成为必然。

经过历代开凿和疏浚，到了隋朝，一条南起余杭（今杭州）、北到涿郡（今北京）、中连洛阳的大运河终于竣工。以后，又经过历代完善，并增开了浙东运河，终于形成了贯通海河、黄河、淮河、长江和钱塘江五大水系，全长近1800公里的地球上最长也最重要的运河——京杭大运河。明清时期，为了管理运河，专门设置了级别很高的漕运总督。

5

河流之后，我们再看几列重要山脉。

鉴于中国西高东低，可以将我国陆地地形划分为三级阶梯——如果你的身高增加10000倍，脑袋一直探进平流层，也就是飞机飞行的高度的话，那么，你就可以像踩着楼梯一样，从东部的第三级阶梯，登上中部的第二级阶梯，再踏上西部的第一级阶梯。

每两级阶梯之间，各有一串作为分界线的山脉。

第三级阶梯和第二级阶梯的分界线是大兴安岭—太行山—巫山—雪峰山。

大兴安岭古称大鲜卑山，是中国古文明的发祥地之一。早在旧石器时代，这里就有人类生息，并诞生了红山文化。由于远离中原地区，进入文明时代后，相当长的时间里，大兴安岭都是鲜卑等少数民族的生息地。

内蒙古鄂伦春自治旗阿里河镇西北约10公里的山谷中，嫩江支流甘河潺潺流过，北岸，有一道高达百余米的花岗岩峭壁。离地20多米高的地方，有一个略呈三角形的石洞。石洞最初是天然形成，后来经过了人力开凿。洞内的石壁上，刻有一篇铭文。

铭文刻于近1600年前，即北魏太平真君四年（443）。当时，统治中国广阔北方的是北魏太武帝拓跋焘。这一年，他派人从北魏首都大同，千里迢迢赶到大兴安岭的林海中，寻找到了这座神秘的山洞，刻石铭文，焚香祭拜。

山洞名叫嘎仙洞，意为故乡或部落。那么，它是谁的故乡和部落呢？

那就是北魏政权的建立者鲜卑人。鲜卑人是继匈奴之后崛起于北方的游牧民族之一，十六国及南北朝时期，曾建立起多个地方政权。其中，统一了北方的北魏是疆域最广、势力最强的一个。而大兴安岭，就是鲜卑族的龙兴之地。为此，太武帝派人到嘎仙洞祭祀祖先，以示不忘根本。

与大兴安岭相比，太行山更为重要。

人们常说八百里太行，因其绵延约500公里。太行山起于北京西山，贯穿于河北、山西和河南三省交界处，西临黄土高原，东瞰华北平原，山脉虽然不算太高（主峰小五台山海拔2882米），但西缓东陡的地貌，使太行东麓沟壑深切，壁立千仞。

太行山中，许多河流自西向东，曲曲折折流淌于山谷中。依托这些山谷，太行山中形成了被称为"太行八陉"的八条隐秘路

文明的曙光

径，它们既是战争时期兵家必争的咽喉要地，也是和平年代晋、冀、豫三省民众往来的商旅古道。

重庆下辖有一个巫山县，不过，巫山并不是指巫山县境内的山。作为一列界山，巫山山脉远比巫山县的范围广大。

巫山山脉横亘于湖北、湖南和重庆之间，北连大巴山脉，南接武陵山地。东面是长江中下游平原，西面为四川盆地。

壁立千仞的太行山

长江自西向东流淌，遇到巫山山脉阻隔，急流切开峡谷，江流迂回，形成了著名的长江三峡。自古以来，这条穿越巫山山脉的峡谷虽然滩多水急，却是进出巴蜀的大动脉。秦国灭楚和西晋吞吴，都是从巴蜀境内发兵，顺流东下，穿越巫山，直抵长江中下游地区。

在动辄上千公里的山脉家族里，雪峰山算是次一级的"小弟弟"。广义的雪峰山主要位于湖南中西部，以西是云贵高原，以东是湘中盆地。自古以来，雪峰山脉就是瑶、苗等少数民族聚居地区，有着浓郁的民族风情。

第二级阶梯和第一级阶梯的分界线是昆仑山脉—阿尔金山脉—祁连山脉—横断山脉。

昆仑山被称为万山之祖，它西起中国与中亚诸国边境的帕米尔高原，向东延伸穿过新疆、西藏，达于青海，全长2500余公里，相当于北京到海南三亚或是上海到甘肃酒泉的直线距离。假如昆仑山顶部有一条笔直的高铁，那么，乘坐目前最快的"复兴"号高铁，也要8个小时才能穿越。

中国神话里，昆仑山上有一道天梯，通过这道天梯，可以自由地往来于人间与天上。人首豹身的大神西王母就住在昆仑山上。射日英雄后羿曾到过昆仑山，西王母向他赠送了长生不死之药。后羿回家后，他的夫人嫦娥偷偷吃下丹药，尔后飞升到了月宫里。这原本只是传说，是古人对这列高峻而又冰雪覆盖的大山缺少必要认知而想象出的神话。

然而，后世帝王却真有人派出使者前往昆仑山，企图寻访到西王母，并从她那里讨要到长生不死之药。汉武帝就是其中一位。

自然，那些满怀希望从长安而来的使者，即便历尽千辛万苦登上昆仑山脉的一座座冰峰，最终也只能两手空空地失望而归。唐朝诗人李贺为此写诗说："昆仑使者无消息，茂陵烟树生愁色。"

阿尔金山之名源于蒙古语，义为有柏树的山。但如今的阿尔金山大多是人迹罕至的荒凉之地，难以看到成片的柏树。平均海拔在3000到4000米的阿尔金山脉，既是两大阶梯的分界线，也

文明的曙光

是两大盆地——塔里木盆地和柴达木盆地——的分界线。阿尔金山脉深处，发育了一些小型冰川，这些小型冰川融水，发源了一系列流量不大的小河。小河在北麓的荒漠上，形成了一片片小型绿洲。这些小型绿洲，曾是汉朝时西域36国中一些小国的立国之地，如若羌、且末。

汉元狩二年（前121），虚岁20的名将霍去病大败匈奴，俘虏其王子、相国等重要人物，甚至将休屠王祭天用的金人也当战利品夺走。更令匈奴人悲伤的是，经此一战，他们失掉了两座重要山脉，一座是焉支山，一座是祁连山。前者以出产红、蓝颜色的可做化妆品的石头而著称，后者是水草肥美的牧场。为此，匈奴人在歌里悲伤地唱道："亡我祁连山，使我六畜不蕃息。失我焉支山，令我妇女无颜色。"

祁连为匈奴语，义为天，祁连山即天山的意思——但它不是如今新疆境内的天山（另有一种观点认为，祁连山分为南北两列，北列即新疆天山，南列为今天所说的祁连山）。祁连山西接阿尔金山，向东延伸到黄河谷地，与秦岭和六盘山遥相呼应，长度超过800公里，约相当于秦岭的一半。

细看甘肃地图，它东西极为狭长，状如两头大中间小的如意。自西向东的祁连山绵延起伏。在祁连山以北，龙首山、合黎山和北山也大体自西向东首尾相接。两列山脉之间，在新疆与甘肃边界以东，乌鞘岭以西，是一片长条形的堆积平原，形如走廊，因在黄河以西，故命名为河西走廊。它东西长1200公里，南北宽从几公里到近百公里不等。

河西走廊既是丝绸之路的咽喉，也是中原王朝控制西北边疆的军事要地。汉朝时，中央政府在这里设置四郡，戍兵屯田，经营西北。为了拓边垦土，大量移民。葛剑雄先生认为："河西四郡毕竟处于汉朝的边疆，与匈奴、羌、西域诸族为邻，也是汉朝隔断匈奴与羌人的联系，保持与西域的联系的战略要地。出于边防和安全的需要，居民与士兵也以集中居住为宜。"

大量移民以及屯垦的结果是，原本属于游牧之地的河西走廊，到西汉末年，已经有30万人定居。后来，以这些定居点为中心，渐渐形成了一系列大大小小的城镇。

对中国气候、环境和地貌影响最大的地质构造体系，无疑是地球上最高、最大的高原——青藏高原。如果没有青藏高原，西北地区将是如同江南的鱼米之乡，而江南地区则会变成干旱少雨的荒漠。但是，由于青藏高原高高隆起，阻挡了从印度洋北上的暖湿气流，西北地区便形成大片戈壁和荒漠。

不过，似乎是作为一种补偿，青藏高原边缘的祁连山脉终年覆盖着厚厚的冰雪，这些冰雪融水形成了一条条涓涓细流。当它们流出祁连山时，终于汇成一些足以改变地表面貌的内流河，如中国第二大内流河黑河及其两大支流石羊河和疏勒河。

当这些冰雪融水形成的河流从荒漠深处潺潺流过时，一个个孕育生命与文明的绿洲应运而生。在连绵千里的河西走廊，星罗棋布的绿洲就像一块块与荒漠对峙的飞地，成为宜于农牧的风水宝地。历史上，河西走廊先后建立过多个割据政权。可以说，没有绿洲就没有这些小王国，而没有祁连山就没有这些绿洲。

如果更准确一些的话，横断山脉应该称为横断山系，因为它不是一列山脉，而是多列山脉的总称。

这些山脉，自东向西包括邛崃山—大凉山脉、大雪山脉、沙鲁里山脉、宁静山—云岭山脉、他念他翁山—怒山山脉、伯舒拉岭—高黎贡山脉和色隆拉岭七大山脉。由于这些山脉大体呈南北走向，阻断了人们东西向的交通，故命名为横断山脉。

作为我国最长、最宽和最典型的南北向山系，横断山脉面积超过60万平方公里，相当于4个山西或5个福建或6个浙江或40个北京。

横断山地区出土的禄丰古猿化石和元谋猿人化石，证明了这一地区是人类的发源地之一。到秦汉时期，这一地区生活着众多被统称为西南夷的部族。直到今天，这里仍然是一个多民族、多语言和多信仰的地区，除汉族外，还生活着多达28个世居少数民族。

6

奔腾的江河与巍峨的大山之外，我们还应该了解一条看不见也摸不着却真实存在的直线。

1935年，地理学家胡焕庸经过大量计算，在一张中国地图上画出了4万多个小点，然后将小点连成一条直线。这条直线从东北的瑷珲（后改名爱辉）到西南的腾冲，称为胡焕庸线。

胡焕庸线将中国版图分为东西两部分，大体与400毫米等降水量线相重合。直线以东的面积，约占国土总面积的36%，居住了全国96%的人口；直线以西的面积，约占国土总面积的64%，居住了全国4%的人口。

几十年过去了，胡焕庸线两边的人口比例，并没有太大变化。如2020年第七次人口普查得出的数据是：东边93.5%，西边6.5%。

除了人口的区分外，这条线的两边，还意味着其他巨大而丰富的不同：它是文明的分界线——以东是农耕文明，以西是游牧文明；它是政权的分界线——以东是中原王朝直接控制地区，以西是少数民族政权地域；它是生态与地理的分界线——以东多是平原、丘陵、水乡和森林，以西多是荒漠、草原和雪山。

有人认为，胡焕庸线的东部，是农耕的、宗法的、科举的、儒教的……一句话，是大多数人理解的传统中国；而它的西部，则是或游牧或狩猎，是部族的、血缘的，有着多元信仰和生活方式的非儒教中国。

7

最后，我们谈谈气候变化对历史的影响。

1972年，科学家竺可桢发表了一篇题为《中国近五千年来气候变迁的初步研究》的文章，这篇短短数千字的文章，具有划

文明的曙光

时代的意义。

在此之前,西方学者一直认为,在不同的历史时代,气候是稳定不变的。竺可桢经过大量研究后认为,气候的变迁是自古就有的,是周期性的。

竺可桢发现,在我国近5000年中的最初2000年,也就是从仰韶文化到商朝的安阳时期,大部分时间的年平均气温比现在高2℃左右,1月平均温度大约比现在高3℃—5℃。在那以后,我国气候有一系列的上下摆动,其中最低温度出现在公元前1000年和公元400年、1200年、1700年,浮动的范围为1℃—2℃。

表面上看,竺可桢的发现似乎没有什么惊人之处,但它作为百年来最重要的气候研究成果之一,只有把它置于人类历史的长河,把它与若干影响人类进程的历史事件叠加对照,你才会真正体会到:气候如同一把锋利的刻刀,缓慢但从不停息地刻画着大自然和人类的面貌。

唐朝是我国最强盛的历史时期之一,贞观之治和开元盛世曾令历代史家为之倾倒。这中间,当然有君主的开明和雄才大略,但气候所提供的前提条件也不可或缺。根据竺可桢分析,唐朝是我国气候史上少有的稳定、温和时期。整个唐代,气候湿润,热量充足,年平均气温比现在高1℃—2℃。

在这种气候条件下,亚热带向北方移动了几百公里,当时的黄河流域和今天的长江流域相似,温暖湿润,雨热同季,既是水稻高产区,也宜于栽桑养蚕。温暖的气候,使农业界线北移,农耕区域大大扩张;同时,农作物的生长期也得以增长,复种指数和农作物单产量都显著提高。

如果说宜人的气候造就了唐代的繁荣的话，那么同样也是气候，不再宜人的气候，导致了另一些王朝走向灭亡。

1653年农历七月底，历史学家谈迁从杭州北上京师。这位沉浸在10年前大明王朝覆亡之痛中的学者，一直想不明白为什么崇祯励精图治，却沦为亡国之君。政治的腐败和外族的入侵是包括谈迁在内的史学家们寻找到的原因，但另一个层次的原因，却是谈迁完全没有意料到的。那就是气候异常。

谈迁在他的著作里记载了一系列气候异常事件：他前往北京时，农历十一月十八日运河即已封冻；返回杭州时，运河三月七日才解冻。而1654年农历十一月，地处江南的吴江运河竟已冰冻三寸，往来的船只，必须雇人破冰开道，每天只能前行三到四里。

谈迁不知道，导致大明灭亡的最重要推手，就是发轫于16世纪后期并一直持续了500年的小冰河期。

竺可桢总结说，在方志时期的500年里，"以世纪来分，则以17世纪最冷，19世纪次之"。崇祯和他之前的三任明朝皇帝，恰好生活于这一最冷时期。史料记载，一向炎热的广东，竟然接连几年都下了长达6到8天的鹅毛大雪。1623年农历五月，正值盛夏的四川天降大雪，雪积数尺。另一年，地处北回归线附近的云南建水，也在六月里突然由炎热转为极寒，城里民众冻死，山间鸟兽绝迹。

明末的气候异常，除了各地转冷外，雪上加霜的是，干旱如影随形。现代科学研究表明，当地表的平均温度下降3℃时，大气中凝结的水分将减少20%。也就是说，低温常常会伴随干旱。

因此，明朝末年关于旱灾的记录非常频繁。干旱除了令农业歉收外，还会带来另一种灾难，那就是蝗灾，从而使农业严重歉收乃至绝收。

如此严峻的生存压力下，越来越多的民众只好铤而走险，加入到农民起义的队伍中。当天灾加上人祸，即使崇祯宵衣旰食，也无法阻止帝国滑向深渊。

第四章　中国人的根在哪里

俗说天地开辟，未有人民。女娲抟黄土作人。

——《风俗通》

1

无论东方还是西方，许多从未有过交流与沟通的不同民族中，都流传着人类起源的故事。

最著名的当数上帝造人和女娲造人。

《圣经》中说，神（也就是上帝）在创造了世界及各种飞禽走兽后，照着他自己的模样用地上的尘土做成人的样子。他向泥人的鼻孔吹了一口气，泥人就成了一个活生生的人。上帝给他取名叫亚当。这是世界上的第一个人，是一个男人。

亚当住在东方的伊甸园里，独自一人，非常孤独。上帝见了，就趁亚当睡着的时候，取下他的一根肋骨，和着泥土，造了第二个人。这个人叫夏娃，是一个女人。

亚当和夏娃是人类的第一对夫妻，也是人类的始祖，从他们之后，人类就在大地上繁衍生息。所有的人类，都是他们的子孙后代。

上帝造人的故事，普遍流行于欧美及众多基督教地区；而在东方，在中国，流传的是女娲造人的故事。

上古时候，有一个女神叫女娲，她在大地上行走，放眼看去，

少年中国史：我们的故事 · 一

文明的曙光

黄河岸边的女娲塑像

山峦起伏，江河奔流，茂林修竹，鸟兽游走，世界一片欣欣向荣。但看久了，总觉得缺少点儿什么——那就是没有和她一样的生灵。

有一天，她在水塘边挖了些泥土，照着水里自己的模样，捏成一个泥人，然后，她向泥人吹了一口气，泥人就成了活生生的人。

女娲深感速度太慢，要让大地上布满人烟，如果用这种慢工出细活的方法捏造泥人，不知道要操劳到什么时候。她灵机一动，发明了一个简捷的办法：用一根树枝伸入泥潭里，蘸上泥浆后向地面挥洒，星星点点的泥浆落到地上，变成了一个个人。

然而，我们都知道，人既不是上帝所造，当然也不是女娲所造。如第二章讲述过的那样，人是从低等生物不断进化而来的。我们都是进化的产物。

从地球上最原始的原核生物开始，生命一路艰难而又百折不挠地不断发展，终于在距今五六百万年前，进化成最初的原始人类。

但是，如果我们要问，文明史以来的中国人，他们的根到底在哪里呢？这仍然是一个无法完全确定答案的问题。

因为对于人类起源，一直有两种说法：一种是同源说，另一种是多源说。

同源说认为，人类起源于非洲。最近20多年来，一些西方学者用分子生物学的方法对现代人的起源进行了大量研究，得出一个结论：世界上所有现代人都是20万年前生活在非洲的少数人的后代。按这种结论，我们所熟知的元谋人、北京人出现之后又都灭绝了，我们和他们之间没有血缘关系。

多源说则不认可同源说。比如我国著名古人类学家吴新智先生就提出了多地区进化假说。这个假说认为，世界上四大地区现代人的来源都与该地区更古老的人类不可分割。比如说，东亚现代人主要源自中国古人类，澳大利亚土著人的祖先主要来自印度尼西亚的爪哇，欧洲现代人与尼安德特人有遗传关系。

水落石出之前，同源说或多源说都有各自的道理，也都能举出对自己有利的证据。

那么，在中国境内，在这片东方土地上，先后都有哪些远古人类生息过并留下了痕迹呢？

2

地处大巴山边缘的巫山县，是重庆和湖北的接合部。深切的

文明的曙光

沟谷与起伏的山峰之间,有一片难得的小盆地。庙宇镇就坐落在这片盆地中间。盆地边缘的诸多山峰里,有一座叫龙骨坡。

20世纪80年代的几次考古,考古工作者在龙骨坡的地层里发掘出这样一些东西:一段带有两颗臼齿的人类左侧下颌骨化石,三颗门牙化石,一段带有两颗牙齿的下牙床化石,120多种脊椎动物化石,一些带有明显人工加工痕迹的骨片和石器。

经研究,考古工作者认定,牙齿和牙床的主人,属于直立人。他们后来被命名为巫山直立人,简称巫山人。他们生存的时间,约在距今200万年前。这一遗址称为龙骨坡遗址,又称巫山人遗址。

巫山人既是迄今为止在我国发现的最早的人类化石,也是整个广袤的东亚地区发现的最早的人类化石。

元谋是云南的一个县,位于云南与四川交界处。这里地处滇中高原北部,干旱炎热。史前时期,气候却与今天迥异。那时,这里是一片郁郁葱葱的亚热带森林和草原,食物丰富,冷热适宜,是远古人类十分理想的生息地。

1965年5月,几位地质工作者在元谋的地层中,发掘出两颗人类牙齿化石。此后,又发掘出17件石制品,以及大量炭屑和一些烧焦的骨头和动物化石。经过地磁测定,两颗牙齿化石的时间约在距今170万年前。它的主人如同巫山人一样,也是直立人,后来被命名为元谋直立人,简称元谋人。至于炭屑和烧焦的骨头,证明元谋人已经懂得了用火。

元谋人曾作为中国人类历史的开篇,写进了中学历史课本。

它是人类起源多源说的重要证据之一。

陕西蓝田县以产玉而闻名,是四大名玉之一的蓝田玉出产地。有唐代诗人李商隐诗句为证:蓝田日暖玉生烟。

蓝田面向秦岭,背负骊山,灞河、浐(Chǎn)河等河流纵横境内,河滨分布着不少台地。陈家窝和公王岭就分别位于灞河左右两岸的台地上。

1963年和1964年,考古工作者在公王岭和陈家窝的地层下,发掘出一些化石。其中最重要的是一个比较完整的人类头盖骨化石和三枚牙齿化石(公王岭发掘),以及一个比较完整的人类下颌骨化石(陈家窝发掘)。此外,还有一些石器和动物化石。

公王岭的头骨属于一个30岁左右的女性。今天,30岁还是青年;但在远古时代,30岁已是高寿老人。考古工作者将她命名为蓝田人。蓝田人生活的年代,最初认为是在距今约69万年到95万年间,但20世纪80年代重新测定后,修正为距今约70万年到115万年。

陕西蓝田人头骨出土处

第四章 中国人的根在哪里

在蓝田人遗址,还发掘出了三门马、大熊猫、剑齿虎、剑齿象、中国貘和野猪等动物化石。如今,这些动物要么已经灭绝,要么只能生活在温暖的南方。这表明,蓝田人时代的蓝田一带,气候温暖湿润,分布着大片大片的原始森林。蓝田人依靠简陋的石器,通过打猎和采集获取食物。

考古工作者还原了蓝田人的形象。看上去,它们的额部向后倾斜,前额低平,眉骨粗大,更像是猩猩与人类的杂糅。

蓝田人头部复原图

3

非常有趣的是,在发掘出古人类化石的好多个地方,都有"龙骨坡"这样的小地名。这是因为,古人不认识也不知道动物化石,他们把那些远古化石都认作传说中的生物——龙——的骨头,并认为龙骨可以入药,能治疾病。就连李时珍也在《本草纲目》里煞有介事地做了介绍。全国各地的龙骨坡,大多都是自古以来,当地人挖掘龙骨做药的地方。

1921年,瑞典地质学家兼考古学家安特生,以北洋政府农商部矿政顾问的身份来到北京西郊的周口店,经当地人指引,他找到了一个叫作龙骨山的地方。安特生以学者的敏锐观察力注意到，堆积物中有一些白色带刃的脉石英碎片，不像天然形成的。

他立即联想到，这会不会是远古人类用来切割兽肉的工具呢？他对同行的奥地利古生物学家师丹斯基说："我有一种预感，我们祖先的遗骸就躺在这里。现在唯一的问题就是去找到它。你不必焦急，如果有必要的话，你就把这个洞穴一直挖空为止。"

此后，围绕周口店的考古发掘紧锣密鼓地进行。1929年12月，年仅25岁的中国考古工作者裴文中有了重大收获：他发现了一个完整的人类头盖骨。此后，又在这里发掘到各种动物化石100多种。化石数量之多和保存之完整，都令世界瞩目。周口店作为中国迄今为止化石最多最丰富的旧石器早期遗址，被考古学家称为"北京人之家"。

北京人属于直立人，他们生活的时代，大约在距今71万年到23万年之间。周口店龙骨山那个140多米进深的山洞，当地人称为猿人洞。在几十万年、上万代人的漫长时间里，它是原始人遮风躲雨的家。

猿人洞中有好几个灰烬层，最厚的一层超过六米，灰烬中还有烧过的朴树和紫荆的炭块。这说明，北京人已经懂得如何用火。尽管在元谋人遗址中也发现过火的痕迹，但很可能他们还没有学会如何生火，而是只能运用天然火。

裴文中发现的那个完整的北京人头盖骨，堪称国宝。然而，由于日本军队入侵，头盖骨神秘失踪。如今我们见到的，是根据当年拍摄的照片制作的仿品。

关于北京人的长相,吴新智先生有一个生动的说法。他说,如果让北京人穿上衣服,戴上帽子、墨镜和口罩,哪怕在王府井大街上走来走去,行人也不会发现他的与众不同。如果他脱下帽子,就会暴露出低矮的头顶,行人会猜测他与一般人有所不同;如果他摘掉墨镜露出眼睛上方的眉骨,摘下口罩露出突出的嘴巴,行人就会大吃一惊:天哪,怎么猿人复活了?

4

北京周口店地处山区和平原交界处,西靠山地,东临平原,平原尽头的山地多为石灰岩,分布着大大小小的天然洞穴。

命运女神很垂青裴文中。裴文中因发现了北京人头盖骨而名噪一时后不久,他在清理北京人遗址边界时,又意外地发现山顶上有一个石钟乳洞,取名为山顶洞。对山顶洞的发掘,收获满满:至少代表了8个人的化石(其中有3个完整的头盖骨),以及大批完整的动物化石和文化遗物。

山顶洞人生活在距今约30000年前,属于晚期智人,并已初步具备了黄种人的特征。这也说明,世界上几大人种的形成,应该就是三四万年前的事情。——这时候,人类已经进入了漫长的旧石器时代中晚期。

今天的北京一带,冬季漫长严寒,时常会有大雪纷飞,但在山顶洞中,却发掘出了大量热带和亚热带动物化石,包括果子狸、鹿、虎、鸵鸟等。这些发现表明,距今45000年至28000年之间，地球上出现了一个温暖的亚间冰期，而30000年前正是这次亚间冰期的高温期。那时，华北地区温暖湿润，是欣欣向荣的亚热带。其气候特点，有如今天的长江中下游地区。

山顶洞是一个天然形成的溶洞，洞口高约4米，下宽约5米，进入洞内，有上室、下室和下窨三部分。

其中，上室南北宽约8米，东西长约14米。在上室中间的地面上，考古工作者发现了一堆灰烬，周边的洞壁和底部的石钟乳都有被火烧过的痕迹。据此可以认定，上室是山顶洞人居住的地方——既是客厅，也是卧室、厨房、饭厅和起居室。由于没找到排泄物，无法断定他们的卫生间在哪里。

下室在洞穴另一边，地势稍低，进深约8米，3个完整的头盖骨和众多躯干骨就分布在下室。这些人骨周边，有一些红色的赤铁矿粉末和简单的随葬品。据此可以认定，下室是山顶洞人的墓园。也就是说，生者和死者同处一个山洞之中。

一种观点认为，北京人还存在着吃人的习惯——作为食物的，除了当作野物被抓获的陌生人外，很可能还包括生活在一起的死去的亲人。到了山顶洞人时代，远古人类已经知道安葬死者，并举行简单的葬礼（撒赤铁矿粉，摆放随葬品），这说明人类文明已经有了巨大进步。

下窨是一条天然形成的长约3米、宽约1米的裂隙，处于下室下方。下窨里发现了许多完整的动物骨架。据推测，它们很可能是在山顶洞人把洞穴当作家园之前进入洞内，不幸坠入下窨而非正常死亡的。

5

在山顶洞发掘的众多器物中,有几件令人很感兴趣。这些看上去不起眼的东西,却透露出了诸多远古人类不为人知的秘密。

首先是一根骨针。骨针系用老虎的阴茎骨磨成针状,再用尖利的石片在针头位置钻出针眼。你可不要小看这根骨针,它说明,山顶洞人的双手非常灵巧,也非常有耐心。骨针的出土,证明山顶洞人不再像此前的北京人、元谋人那样赤裸身子,而是将兽皮缝成衣服穿在身上。山顶洞人的衣服一定非常粗陋,但是,与它相比,哪怕巴黎时装展上国际大师的最新作品也将黯然失色。

其次是一些用兽牙、小石子、鱼骨和海蚶壳制成的装饰品。鱼骨的出现,说明山顶洞人获取食物已经从陆上狩猎和采集扩大到水中,他们的食物来源变得更丰富了。根据对那根用于制作装饰品的鱼骨的研究,它来自一条体长达80厘米的鲩鱼(即草鱼)。这条半人高的大鱼,重量大概40斤,足够好些人大吃一顿。

海蚶壳只能出自大海,但周口店远离海洋,山顶洞人不可能亲自到大海去抓贝壳。那么,它只能来自与海边人群的交换。这说明,早在史前,就已经出现了以物易物的原始贸易。

此外,这些装饰品还说明,在山顶洞人时代,食物的获得比此前的古人类更加容易,原始人才有心思和精力去制作这种既不能吃也不能喝的装饰品。并且,在原始人那里,已经迈出了追求美和艺术的第一步。

最后是灰烬。早在北京人的遗址中,就发现了用火后的灰烬，但两者却有根本区别：北京人像元谋人一样，只会利用天然火。为了长久地利用来之不易的火，他们只能在洞里长年累月地保证火塘一直燃烧。为此，不得不派出两个以上的人员，专司维护火塘。但到了山顶洞人时期，初步的钻磨技术已出现，人类已经学会了摩擦生火。从那以后，原始人群不再担心相依为命的火会被风吹熄、雨浇灭，或是由于照顾不周而渐渐黯淡。他们可以根据自身的需要，随时随地燃起一堆熊熊大火。

人工取火对人类的重要意义，正如恩格斯所说的那样："就世界性的解放作用而言，摩擦生火还是超过了蒸汽机。因为摩擦生火第一次使人支配一种自然力，从而最终把人同动物界分开。"

总而言之，当人类掌握了如何生火，一个崭新的时代已然降临。

第五章　最初的创造

> 人类在全球范围内进行扩展的过程中，另一个更加常见的结果，就是各种各样更为复杂的工具、武器和其他设施的不断发展。
>
> ——［美］威廉·麦克尼尔

1

1923年——那时，你的爷爷的爷爷可能都还是一个天真活泼的孩子——在中国一个叫水洞沟的小地方，有一家寒酸的小客栈。这天，生意冷清的客栈住进了两个高鼻深目的外国人。

尽管当地人都不认识他们，但这两个外国人在考古界可谓声名显赫。他们一个是法国古生物学家兼地质学家桑志华，一个是法国古生物学家兼神学家德日进。两个老外，千里迢迢从北京来到宁夏水洞沟，缘于他们共同的朋友肯特的一个偶然发现。

几年前，比利时传教士肯特从银川前往陕西，途经水洞沟，一天下午，他在断崖上不经意地发现了一块犀牛头骨化石和一块石片。那块在普通人眼里不值一提的石片引起了他的注意——它不是普通石片，而是经过人工打制的。

桑志华和德日进就是为了这块人工打制的石片不远千里而来。住进小客栈那天下午，晚饭后，桑志华和德日进相约到店外散步。随着太阳缓缓沉入地平线，微凉的夜色慢慢笼罩了苍茫原野。这时，在小客栈不远的地方，他们突然看到，沟对面的断崖上，有几点白色的东西在闪烁。经验告诉他们，那很可能是动物骨头发出的磷火。

接下来，便是长达四五十天的发掘。这是对水洞沟遗址进行的第一次考古：桑志华和德日进在5个发掘点挖掘出大量打制石器。

从那以后，一直到2014年（这时距肯特发现石片已经过去95年了），对水洞沟的考古发掘一共进行了6次。除了桑志华和德日进这些西方考古名家外，中国考古名家裴文中、贾兰坡都曾参与其中。

几十年间，从水洞沟共计出土了30000多件石器和大量古动物化石。在水洞沟遗址上，也盖起了一座水洞沟遗址博物馆。

水洞沟遗址博物馆的造型很奇特。光秃秃的广场上，一座多边形的建筑如同纺锤状的外星飞船，一声不吭地趴在蓝天白云下。

俗话说："外行看热闹，内行看门道。"其实，这座建筑模仿的是一种几万年前司空见惯的工具——石叶。

所谓石叶，就是用木槌或骨角锤击打石核后剥下的长条状石片。两三万年前，在遥远得难以想象的年代，石叶曾是水洞沟居民生存的必需品。制造石叶、使用石叶和更多五花八门的石制工具，是水洞沟人一生中的必修功课。

2

两万多年前的水洞沟人和三万年前的山顶洞人一样，都生活于旧石器时代晚期。

最早提出旧石器概念的人是英国考古学家、生物学家约翰·卢伯克。

1865年（在中国，为清朝同治四年，其时，正值太平天国运动晚期），卢伯克提出了旧石器时代和新石器时代的概念并进行了分段。

作为一个考古学术语，石器时代用来指考古学上的一个假定的时间段，也就是从人类开始使用石器到开始使用青铜器的这段漫长的历史。

根据制作石器的不同方式，石器时代又分为旧石器时代和新石器时代。旧石器时代是指以使用打制石器为标志的阶段，而新石器时代是指以使用磨制石器为标志的阶段。

在全球范围内，目前发掘到的最早的石器在肯尼亚洛迈奎，制作时间约在330万年前。

在中国范围内，目前发掘到的最早的石器在巫山人遗址。巫山人遗址出土的石器，经过著名古人类学家贾兰坡等人鉴定，认为有清晰的人工打击痕迹，是古人类使用的工具。

因此，我国的旧石器时代从距今200万年前开始，直到距今10000年至8000年间进入新石器时代，整个旧石器时代占据了人类历史的绝大部分时间。

新石器时代则始于旧石器时代结束。最早的新石器遗址，距今已有10000年，一直延续到距今5000年到4000年左右。从那之后，慢慢拉开了铜石并用时代的序幕，青铜器渐渐取代石器，尔后进入青铜时代。

3

假如把你流放到野外,让你自行用石头制造工具,你多半没法完成任务。这倒不是说原始人比你更聪明,而是现代人各有分工,各司其职,不需要每个人都会制造工具。

不过,几乎可以肯定地说,在石器时代,大多数正常人都有制作石器的本领。

我们以北京猿人为例,看看石器时代的人类用什么方法制造石器。

锤击法。如果你不是左撇子的话,请用右手握住一块长条形的石头,用力去敲打左手握着的另一块石头,直到将左手的石头敲打成你想要的样子。

碰砧法。先找到一块扁形的石头,两手紧握,将它往地上一块更大的石头上碰撞,直到将手中的石头碰撞成你想要的样子。

砸击法。在坚硬的地面或大石头上放一块次大一点的石头,左手拿一个小石片立在次大一点的石头上,然后右手握一块石头,不断砸击左手的小石片,直到将小石片砸成你想要的样子。

上面三种方法中,我们都说到了"你想要的样子",所谓"你想要的样子",其实就是指石器时代的先人们通过这些简单的方法,能够制造出的大同小异的几种石器。

由于都是手工制作,它们彼此之间显然不可能像工业产品那样标准划一。

这些工具主要有以下几种。

砍砸器。砍砸器形体较大，形状并不完全固定，但一定具有两个特点：一是本身较重，二是一端有刃。砍砸器主要用来砍树枝、砸坚果或动物的骨头，以及挖掘植物的地下茎块。

刮削器。刮削器是用石片制成的一种用来切割和刮削的工具，因形状不同，可分为长刮器、短刮器和圆刮器。当远古人类需要分割肉类或是刮去树皮时，刮削器就必不可少。

尖状器。尖状器一般呈扁平状，用砾石或石核制成，一端厚钝，另一端尖锐，主要用来挖掘或穿刺，比如剔除骨头里深藏的肉，或是在木板上钻孔。

到了新石器时代，人类制作工具的主要材料仍然是石头，只不过从旧石器时代的打制转向了新石器时代的磨制。技术相对进步，制作出的工具也相对精良称手。

更重要的是，新石器时代的工具，分工更加明确。

一方面，随着原始农业的产生并成为获取食物最稳定和最重要的方式，和农业有关的工具占了大宗，如石铲、石刀、石镰、石斧，以及加工谷物用的石磨盘和磨棒。

另一方面，除了石质工具外，骨质工具也大量出现，主要用于打猎、捕鱼、纺织，比如骨锥、骨针、骨镞，以及鱼骨镖和鱼骨匕等。

4

江西万年是一片丘陵地区，石灰岩的山峦之间，分布着一片片山间小盆地。仙人洞遗址就位于其中一片小盆地边缘的山岩上。

2012年，仙人洞遗址入选全国十大考古发现。

在这个看上去并不起眼的山洞中，考古工作者们最重要的发现，同样是那么不起眼——一些土陶的碎片。

然而，对这些土陶碎片的研究表明，它们很可能是迄今为止发现的世界上最古老的陶器。

观察陶器碎片可知，先民们是以手工捏制的方法制作陶器的。出土最多的圆底罐，内壁凹凸不平，胎壁厚薄不均，材质粗糙，里面掺有石英沙粒或是河蚌壳的粉末，陶色也不均匀，同一片陶片上同时呈现出红、灰、黑三种颜色。

总之，种种迹象表明，这些陶器还处于制陶技术的原始阶

江西万年仙人洞遗址

第五章　最初的创造

段，非常粗糙、简陋。

然而，千万不要小看这些原始的陶片。它们意味着旧石器向新石器过渡之际，人类社会有了重大技术进步，它们是人类社会由旧石器时代迈进新石器时代的标志之一。

当然，从宏观角度讲，这也是漫长的人类发展史上，第一次利用化学变化将一种物质变成另一种物质。

简单地说，从发明陶器制作那天起，直到10000年后的今天，尽管人类技术早就突飞猛进，但就制陶而言，本质并无大的变化（至多只有制作工具的进步），它一直包括以下几步。

第一步，把黏土用水润湿。

第二步，把柔软的黏土制成各种形状——刚开始时，全凭手工；此后，发明了包括陶轮在内的各种工具，这样不仅事半功倍，而且更能保证质量和效率。

第三步，待各种形状的陶器干燥后，用火加热到一定程度（加热的方式最早是平地烧；后来在地上挖坑，坑里铺上柴火烧；再后来发明了土窑；现在则用电烧并由计算机控制）。

至此，黏土就变成了陶器。

那么，陶器到底是如何发明的呢？很遗憾，哪怕是最权威的考古学家也无从给出一个准确答案，至多只有一个大体符合情理的推测。

首先，人类很早就认识到了黏土的可塑性，并用黏土捏成各种形象。比如，在欧洲就发现过一万多年前的黏土捏成的野牛和熊。

其次，人类长期用火，一定注意到了经过火的烧烤后，柔软的黏土会变硬。

最后，当一只涂有黏土的竹篮（涂上黏土后，竹篮也可用来盛水），不慎被火烧后，竹篮变成灰烬，但涂在上面的黏土却形成了一个不易透水的容器。

依凭可贵的想象和推理，上古人类一步步发明了制陶工艺。这显然也说明，与哪怕最聪明的动物相比，人类的归纳和推理能力，也是其他动物望尘莫及的。

5

人类历史上，陶器大概是使用时间最长久的器具。直到今天，我们还能经常见到它们，它们以碗、杯、瓮、盆、坛等各种式样出现，并为生活服务。

最初的陶器，形式却很少，大抵以圆底器和三足器居多，主要器物为三足的钵、鼎，以及浅腹和深腹的罐、盂。

这些简陋的陶器，却是人类自掌握用火和栽培种植技术以及饲养家畜之后所取得的又一巨大进步。

在人类发展史上，制陶有着里程碑式的意义。

陶器发明之前，人类的食物，除了各种水果直接入口外，其他的肉食只能烧烤——烧烤虽然为当代年轻人所喜欢，但如果让你天天吃烧烤，顿顿吃烧烤，可能看到烧烤就会作呕。

有了陶器，也就有了把食物煮熟后再食用的可能。熟食不仅滋味更佳，而且营养更丰富，也更利于消化吸收，它对提升远古人类的体质和脑力，产生了不可估量的作用。

有了陶器，人类的定居也更加稳定。因为，众多轻轻一碰就会碎掉的陶器，显然不可能随身携带或是经常搬迁，只能选择一个宜居的地方住下来。

从此，聚落的出现成为可能。

刚捏成的陶器还很软湿，用树枝或石片甚至指甲，就能在上面留下痕迹。原始先民已经有了审美意识，他们常常在各种陶器上画下天真烂漫的图形或符号。

这是原始艺术的重要组成部分。

自10000年前开始，天南海北的先民们采用几乎相同的方法制作陶器，陶器曾是人类必不可少的生活工具和生产工具。人们用它盛水，用它饮水，用它煮食，用它吃饭，用它储存粮食。甚至，在一些部落里，当人们死后，陶器也是他们遗体的最后归宿。多年来的考古发掘中，几乎每一个新石器时代的遗址，都会出土大量陶器。

当然，由于陶器易碎，如今很少出土完整的陶器。经历几千年风霜后重见天日的，一般都是碎片。通过考古工作者和文物工作者的巧手，它们得以复原，得以呈现出几千年前有过的风采。

更多的陶器却连成为碎片并被后人瞻仰的机会也没有。随着时光的流逝，它们重又分解。它们来自泥土，归于泥土。

没有人知道，它们曾被一双灵巧的手团过、捏过；被一团熊熊大火烧过、烤过；曾经以陶的方式，参与过一代又一代人的生活。

第六章　农业与聚落

平畴交远风，良苗亦怀新。

——陶渊明

1

狮子和老虎吃肉，兔子和牛羊吃草。

如果把肉扔给兔子和牛羊，把草扔给狮子和老虎，它们一定不吃。

人类，既吃肉，也吃草——我们的不少蔬菜，都可归入草类——因为，人是杂食动物。

最初，人类的食物来自采集，也就是采摘各种树上结出的果实，挖掘一些植物的地下块茎，当然还有各种野菜。

贸然食用不熟悉的植物的果实或块茎或叶片，必定要冒巨大风险。这里，我们先讲讲西红柿的故事。

今天，西红柿早就是许多国家不同民族、不同文化的人们共同喜爱的食物。但是，相当长的时间里，却没有人敢尝一尝。

西红柿原产南美洲，当地人称为狼桃。自古以来，人们就相传这种看上去十分鲜艳的水果有毒，谁要是误食了它，一定会死于非命。多年来，人们都把它当作一种观赏植物来种植。

地理大发现后，欧洲人把西红柿带到欧洲。西红柿有毒不能

文明的曙光

吃的说法也随之而来，人们同样把它当作观赏植物。

直到100多年后，一个法国画家出于强烈的好奇心，决定拼死一试。

这位勇敢的画家留下遗书，采摘并吃了一个西红柿。之后，他躺到床上，静静地等待死亡降临。

然而，大家都知道的结果是他没死。并且，西红柿又酸又甜的味道给他留下了极为美好的印象。

从那以后，西红柿才慢慢走进人类食谱。

对原始人来说，采摘并食用陌生水果的后果却不一定像法国画家那么幸运。

中国神话里，流传着神农尝百草的故事。传说，这个上古的半神，他的肚子是透明的，他吃下去的每一种东西，都能清楚地从外面看到。为此，他把吃下去没有引起不适的东西放在左边的袋子里，把引起不适的东西放在右边的袋子里。尔后，他告诉人们，哪些东西可以食用，哪些东西不能。

尽管神农有着神一般的本领，还是经常中毒。后来，他发现了一种叫茶的东西可以解毒。

但最终，神农仍然因为误食断肠草而肝肠寸断地死去。

这当然是神话。不过，它也间接而曲折地说明，远古时代，人们在辨别可食植物和不可食植物时所冒的巨大风险和付出的巨大牺牲。

神农的故事一定不是某一个人的故事，而是很多代人的故事。

2

采集之外,便是渔猎。

与动物相比,人类既没有爪牙之利,奔跑得也不快,力气也不算大。若是一个成年人与一头狼比拼,成为晚餐的多半是人而不是狼。更何况,在远古幽暗的林子里,还出没着众多猛兽。

人类能够生存并发展下来,在于人类既会制造和使用工具,同时还懂得集体合作。

最初,人类利用木棒、石块作为武器,用围猎的方式,几人、十几人甚至几十人为伍,在森林中和草原上追捕各种野兽。但他们依然不敢去招惹老虎、豹子以及狼这样凶猛的动物,他们的猎物多半是食草动物鹿、麂子、野羊等。

到了旧石器时代晚期,人类技术有了一次重大突破,那就是弓箭的发明。

弓箭的发明,可能是从标枪或是拴有绳子的石球之类的"远程攻击"武器上得到了启示。有了弓箭,意味着人类可以从更远的地方射杀猎物,不仅减少了近身肉搏的危险,而且提高了打猎的效率。

对于大型猛兽,人类以往只能绕道而行;有了弓箭,却可以几个人或几十个人一齐张弓搭箭。几十支具有强劲穿透力的箭一齐射出,就连老虎和狮子也不再是人类的对手。

山顶洞遗址出土了一些鱼骨。这说明,在那个时代,捕鱼是人类获取食物的又一途径。

一开始,人类只能徒手捕鱼;后来,人类发明了用骨头或是木头制成的鱼叉；再后来，又发明了捕鱼的利器——渔网。

在我国众多典籍和民间传说中，渔网的发明权归于上古时代的半神伏羲。

虽然真相尚不清楚，但可以肯定地说，就像弓箭不是由某个人某一天突然灵感来袭发明的，而是全球不同地方的不同人群先后在生活中琢磨出来的一样，渔网多半也是集体智慧的产物。

在陕西宝鸡的北首岭遗址，出土了一个彩色陶罐，上面绘有渔网状的图案。它的制作时间，是距今7000年前的新石器时代，恰好与传说中的伏羲时期相差不远。

不论采集还是渔猎，都有一个致命的弱点：每一天的收获是不确定的。有可能，今天的收获全部落大吃大喝还有剩余，明天却可能连让三分之一的人吃饱都不够。

这样，我们的祖先只好常常过着饱时胀得发慌，饥时饿得要命的日子。

这种日子，一直等到人类开启了农业之门，才终于画上句号。

3

"春种一粒粟，秋收万颗子。"

这句唐诗，大概是对农业描述得最简洁也是最形象的诗句。

但是，农业到底如何起源，学术界还有不同说法，并没有一个令所有人都口服心服的定论。

比如，有一种理论——姑且称为气候变化论——是这样的。

随着第四纪冰期结束，亚洲西南部日益干旱，动物和人纷纷集中到了约旦河谷这样的水源相对充足、植被比较繁茂的地方。在那里，人类、动物和植物的共生关系更为密切，使得原本以采集和打猎为生的人类学会了驯养动物和种植作物。

还有一种理论——姑且称为资源决定论——是这样的。

随着人口增多，单纯依靠采集和狩猎已不能维持生活，人类不得不寻找其他食物来源。从对根茎植物的采集中，他们慢慢意识到：除了天然植物可供食用外，还可以通过人工种植获得食物。

这些理论，既无法证实也无法证伪。至少在目前看来，我们还不清楚哪一种说法更接近真相。

因此，我们不妨抛开理论，想象一下农业是如何开始的。

比如，原始人注意到植物年复一年地生长、变化，看到果实落进土里，就会长出一株新的植物。这使他们意识到，把果实埋进土里，会生根，会发芽，会开花，会结果，会复制出另一株植物。

再比如，假设原始人最开始知道野生谷物可以食用。他们将这些谷物采集回家时，偶然有一些谷粒掉落在门外湿润的泥土上。不久，谷物发芽，长出了郁郁葱葱的禾苗。几个月后，结出沉甸甸的谷穗。这一次，他们无须深入山野，在自家门前，就收获了谷物。

这些偶然现象肯定在世界各地都会一次又一次地重演，因而，农业的起源并不局限于某一地区，而是在世界各地独立起源。

不过，按西方学者的观点，他们认为世界上最早拉开原始农业序幕的是幼发拉底河和约旦河河谷，以及直到地理大发现后才与世界其他地区有交流的美洲。

这些学者认为，这两地的农业起源于10000年到12000年前。至于中国，他们虽然也承认中国的农业相当古老，但起源时间却定在8000年前，要比上述两地晚三四千年。

这种意见到底对不对呢？

或者说，真相，真的如此吗？

4

四月的中国南方乡村，细雨如筛，子规声里，房前屋后的山上，是错落相间的桑园和竹林。山下的小块平坝上，是一方接一方的水田。田里，绿油油的庄稼长势良好。这庄稼，就是中国人最重要的主食大米的来源——水稻。

尽管从全球种植面积来说，水稻次于小麦，屈居第二；但它却是世界上种植区域最广的作物，除了南极洲，其他地方都有种植。至于中国，水稻的种植从最南方的海南陵水（由于地处热带，热量充足，这里的水稻一年可种三季），一路向北，直到黑龙江北部的呼玛县，都能见到它的身影。只不过，在中原地区，人们更习惯种小麦。

近代科学改良小麦品种之前，水稻一直是世界上最高效的农作物。一公顷小麦可养活3.67人，而一公顷水稻却可养活5.63人。鉴于水稻对人类的重要性，2004年，联合国第57届大会把当年定为国际稻米年，主题言简意赅：稻米就是生命。

在中国各史前遗址中，发现最多的粮食就是水稻，并且，它们主要集中于长江中下游地区。科学家认为，这间接说明，长江中下游地区可能是世界上最早栽培水稻的地方之一。

那么，很自然，你会问：世界上最早栽培水稻的地方到底在哪里？又是从什么时候开始栽培的？真的是在长江中下游地区吗？

湖南道县位于湖南、广东和广西三省（区）交界处。

1995年和2004年，考古工作者在道县境内一个叫玉蟾岩的洞穴里分别发现了2.5粒和5粒稻谷。不过，与我们熟知的稻谷不同，这些史前稻谷都已经炭化。

看上去毫不起眼的7.5粒稻谷，改写了中国水稻起源的历史，同时也改写了中国农业起源的历史。

从某种意义上讲，我们可以认为这是全人类最伟大的7.5粒稻谷。

经鉴定，这些稻谷还保留着野生稻的某些特征，但它并不是采自野生植株，而是人工栽培的收获。至于它的时间，可以远推到距今约12000年前。

也就是说，早在12000年前，中国人就开始了水稻种植。相应

南方的稻田

地，原始农业也从那时滥觞。

如此看来，西方学者此前的论断站不住脚。

道县玉蟾岩并不是孤证。与它差不多同样古老的原始农业，在北方也留下了蛛丝马迹。

北京西部门头沟区的东胡林村是一个年代久远的村落，永定河的支流清水河从村边流过。就在河岸台地上，1966年，北京大学地质系学生在这里实习时，偶然发现了一座新石器时代的墓葬。之后几十年间，考古工作者先后对它进行了多次发掘。出土的众多器物中，引起考古工作者注意的是一些炭化了的小米——古人把它称为粟。这些粟埋在地下的时间，已长达10000年之久。

粟是由野生的狗尾草驯化而来的，而粟在东胡林遗址中的发现，证明中国人至少在10000年前就开始了对粟的培育和种植。

因此，中国农业的起源，至少超过了一万年的漫长时光。

5

在玉蟾岩遗址，还出土了不少梅和猕猴桃等果实残余的标本，以及大量禽兽和鱼类的骸骨，甚至还有田螺壳；而在东胡林遗址，也发掘出众多动物骨头以及螺、蚌、蜗牛等软体动物的壳。

这些发现说明了什么呢？

它们说明，在由旧石器进入新石器之时，虽然已经出现了原始农业，但农业水平还很低，农业收成还很差，渔猎和采集仍然是占主导地位的食物获取方式。

那么，你或许会问：要等到什么时候，农业才上升为占主导地位的食物获取方式呢？

或者，换句话说：原始农业萌芽以后，还要经过多少年的发展，才终于走向成熟？

我们的答案是：5000年。

从距今12000年到10000年之间滥觞，到距今约六七千年前，中国南北两个农业体系终于基本形成，并一直传承至今。

在北方，以黄河中下游地区为核心，主要种植小米和黄米（黄米，古人称为黍，又称糜子）；在南方，以长江中下游地区为核心，主要种植水稻。

此外，南方和北方都种植的还包括中国人培育出来的大豆（古人把它称为菽）、麻，以及从西亚传入中国的小麦。

中国如此辽阔，为什么原始农业只从黄河和长江中下游地区起源呢？

这其实也是中国独特的自然条件决定的。

长江以南地区，比如今天的两广、海南和台湾等地，大部分处于北回归线附近或北回归线以南，热量充足，长夏无冬，或是虽有冬天，却仍然很温暖。在这些地区，热带和亚热带水果长年不断，采集经济发达，哪怕冬天，也不会为找不到食物发愁。需要才会产生动力，对生活在这些地区的远古人类而言，他们不愁吃喝，自然就没有创造农业的动力。

至于黄河以北、以西的广大地区，比如蒙古高原、青藏高原等地，气候严寒，土地荒漠化严重，植被稀疏，居住在那里的人本来就十分稀少，也没有条件从事农业。

只有黄河和长江中下游地区气温适中，既有宜于农作物生长的春天、夏天和秋天，也有需要贮粮度过的冬天；再加上野生植物丰富，既有条件，也有需要产生的动力，因而才成为中国农业的摇篮。

农业的发展，给聚落的出现奠定了基础——这也是很好理解的：狩猎或是采集，可以跟着禽兽的行踪和不同果实的成熟时节而不断移居，但种植在大地上的庄稼，却无法挪动。

人类只能守望自己的土地和家园。

正是这些良莠不齐的庄稼，让远古人类不再漂泊。他们学会了定居，用树枝、茅草和泥土搭成简陋的房屋，居住在庄稼地周围。随着房屋渐次增多，原始的村庄出现了，人类有了聚落。这些大多只有数十人、百来人的聚落，将会一步步催生出更大的聚落：城镇，城市，都市……

第七章 新石器时代的生活

凿井而饮，耕田而食。
帝力于我何有哉？

——《击壤歌》

1

几千年前的新石器时代，我们的祖先到底过着怎样的生活呢？在此，我们以半坡类型为例，讲讲他们的衣食住行吧。

半坡遗址位于西安浐河之滨，是距今6000年到6700年左右的新石器时代中期人类聚落遗址。考古学上，把和半坡遗址时间相近并具有相似性的人类文化遗址称为半坡类型。

如果你能乘坐科幻中的时间机器，从当代向后退去，一直退到6000年前，并来到半坡的话，你将看到一座欣欣向荣的远古村庄。这座村庄大体呈不规则的圆形，面积约50000平方米，也就是75亩，相当于今天大中城市里一个不大的小区。

村落的主人，也许本能地具有人与自然和谐相处并利用自然的理念——他们把村子选在了前临河流、背倚黄土塬的平原上。

这样的选址，既方便取水，也方便耕种。事实上，几乎所有的史前遗址，不论是旧石器时代的洞穴还是新石器时代的村落，

西安半坡遗址

无一不靠近水源。

但一般而言，它们靠近的不会是急流滚滚的大江大河，而是大江大河的支流，并且大多数选在河岸的第二级台地上。

这样，既能保证取水方便，又能避开可能发生的洪水。

人类趋利避害的本性，自远古时起就展现得淋漓尽致。

半坡村划分为三大功能区——其他半坡类型也基本如此——分别是居住区、制陶区和墓葬区。

居住区位于村落中央，外边有一条明显系人工挖掘的壕沟将其环绕。壕沟深5米，宽5米。它的作用不言而喻：用来阻挡不请自来的猛兽或是图谋不轨的其他部落。

居住区被一条小水沟一剖为二。这条小水沟可能是为了方便取水。两个小片区的中心各有一座大房子，其他更多的小房子围着大房子，如同众星捧月。很可能，大房子是公共建筑。所有的小房子都背朝壕沟，面向大房子。

像所有半坡类型的房屋一样，半坡村的房屋也多为半地穴式，只有少数是地面建筑。这些房子大多呈圆形或方形，圆形房子较小，方形房子较大。房子之间有用来储藏的地穴，周围有长方形的家畜圈栏。

室内，挖有火塘。漫漫严冬里，火塘里的火昼夜不灭。火塘旁边，是一块高出地面10厘米的土台，那就是半坡人睡觉的床。

这种简陋的土台床和你睡的席梦思，从本质上讲，其实都一样——都能让人在入睡之后，进入最甜美的梦乡。

半坡时代属母系氏族社会。所谓母系氏族，就是氏族的全体成员都有一个共同的老祖母，他们以母系血缘为纽带联结在一起。母系社会中，妇女对财产的支配权大于男子，家庭以女子为中心而建立。几个有共同血缘关系的氏族，往往联合成为一个大氏族，即胞族。几个大氏族又常常联合成一个部落，从而构成了氏族公社。

比如，以你的外祖母为中心，你的姨妈们和她们未成年的子女，以及未成年的你，你们共同组成一个家庭；再与你的外祖母的姐妹们的家庭一起，组成一个氏族。

你的父亲呢？很遗憾，那时候，人类只知其母，不知其父。

由于生产力低下，人们终日劳碌，获得的食物也仅够糊口。为了生存下去，氏族成员必须共同劳动，平等互助，才能勉强维持生活。因此，氏族公社里，劳动产品归氏族成员共有，按照平均原则进行分配。这也就是人们常说的原始共产主义。

半坡村的储藏室都位于房屋与房屋之间，这说明，劳动果实由集体储存，集体支配，而非由私人所有。

2

从吃来说，半坡人的食物有五大来源。

一是取自平原上种植的农作物。当时的西安一带，年均气温比现在高2℃左右。这就意味着，西安也能种植水稻。不过，半坡人更感兴趣的似乎还是旱地作物——粟。

二是狩猎的猎物。这些猎物，包括獐、竹鼠、羚羊、貉、獾、狐狸、雕。

三是饲养的家禽家畜。主要有猪、狗、鸡和黄牛。从出土的骨头分析，半坡人的肉食中，最多的是猪肉，其次是獐肉。

四是水产品。也就是从浐河中捕捞的各种淡水鱼虾，以及螺蛳和河蚌。

五是采集到的各种野生植物的块茎。

以上五大类食物中，最稳定的是土地里收获的农作物和饲养的家禽家畜。这说明，原始农业发展到半坡时期，已经渐渐取代了渔猎和采集，占据食物来源的主导地位。

还需要特别说明的是，在半坡遗址，曾出土了芥菜种子。这说明，半坡人已经知道如何种菜。

虽然食物来源如此丰富，却并不意味着半坡人——包括整个半坡类型的居民——吃得多么满意。

对陕西元君庙遗址发现的150副成人骨架的研究表明，他们的下颌骨明显比现代人粗壮，牙齿严重磨损。

这些特点说明，他们吃得非常粗糙。

3

不少人到陶艺吧体验过手工制陶。在工作人员的指点下，哪怕从来没接触过制陶的人，也能利用现成的泥坯和工具，制成一只陶碗或陶瓶。

不过，几千年前的新石器时代，制陶并非如此简单。

那时候的制陶法称为泥条盘筑法。制陶时，先把泥料搓成长条，然后按器型的要求从下向上盘筑成形，并用手或简单的工具将里外修饰抹平。制成陶坯后，放在干燥处阴干，再涂上颜料做陶衣，并在陶衣表面刻画出各种图案或符号。最后一步，就是放进约900℃的窑中烧制。

涂在陶器表面的颜料，成分各有不同，因此，成形后的陶器也呈现出不同的色彩——含赤铁矿的颜料呈红色，含锰化物的颜料呈黑色。

这种有色彩的陶器，被后人称为彩陶。又由于彩陶最早是在

文明的曙光

河南仰韶村发现的，且数量众多，纹饰精美，彩陶文化又用来代指仰韶文化。

半坡村即属于仰韶文化中晚期。

陶器制作技术到了半坡时代，已经有了长足进步。此时，陶轮已经发明，成为制陶利器。从陶器的产量和专门的制陶区来看，由于食物的获取比旧石器时代更容易（这必须拜农业之所赐），不少人得以从农业或渔猎中抽出身来，专门从事陶器生产。

许多人都知道人面鱼纹盆，它的彩色图片，曾出现在中学历史教科书中。1955年，人面鱼纹盆出土于半坡遗址。与它相似的彩陶盆，在仰韶文化遗址中多有发现。这一时代的陶器一般都是红色，常见的器形有碗、钵、盆、小口瓶、罐、瓮、盂和大口尖底器。

人面鱼纹盆的得名，来自陶盆上的图案。那些不知名的上古陶艺匠人，以娴熟的手法，在陶器上"发表"了他们的作品并彪炳史册。只是，非常遗憾，我们永远不可能知道这些匠人的姓名了。

事实上，半坡居民好像是天生的艺术家，他们在陶器上留下了极富特色的彩陶纹饰。这些纹饰可分为图案和象形两种：前者由三角形、菱形、折尺形及直线组

西安半坡遗址出土的单鱼纹盆

成了同形对称的几何图形；后者多为鱼、人面、鹿、蛙、鸟以及渔网的图案。它们线条流畅，生动活泼，无拘无束，充满了人类童年时期的天真烂漫。

在半坡人的陶器上，还出现了一些符号。这些符号，很可能具有文字的性质，或者说，是人类文字的萌芽。

4

显微镜下，一种寄生于人体的生物原形毕露：它的身体形状略似一把琵琶，或是一个玉坠。只是，小小的头部两侧，伸出了六条纤细的腿。

这种生物叫体虱。

体虱的历史，差不多就是人类穿上衣服的历史。

直立人及更早的时代，人类还像猩猩一样，浑身上下布满长毛。这些长毛，便是各种虱子的生息之地。到了大概100万年前，人类的体毛渐渐褪去——只余下了两个地方，依旧被浓密的毛发覆盖。一个是头部，一个是阴部。虱子只好退守到这里。

多年后，在这两座"生存孤岛"上，虱子形成了生殖隔离，并演化成两个不同的物种：一个称为头虱，一个称为阴虱。

后来，由于人类穿上衣服，头虱从头发上掉落到衣服里，开始了一次次悄无声息的"移民"，并最终演化成又一个物种：体虱。

从形状上看，体虱与头虱较为相似，与阴虱差异较大。

科学家意识到，如果能够通过DNA测序，分析出头虱和体虱的分化时间，也就能得出人类何时开始穿上衣服的答案。

2003年，第一次测出的结果是10.7万年。以后，再次测试，得出了修正后的结果——19万年。

人类在裸奔了上百万年后，终于为自己穿上了衣服。

到半坡时代，虽然人类仍处于文明前夜的蒙昧时期，不过就衣着来说，已经有了长足进步。

最初，人类的衣服，材料是兽皮、树皮乃至树叶。到半坡时代，人类已经普遍使用纺织品。根据留在陶器上的布纹印痕分析，这些纺布线条粗细均匀，最细的纱线直径仅为半毫米。

同时，这些印痕还充分说明，半坡时代的人类熟练掌握了多种编织方法，如斜纹、缠结、棋盘格纹和间格纹编织法。

这些编织方法，现代的中国农村仍然在普遍使用。

半坡以及更遥远时代的人们，他们的服装到底是什么款式，今天很难有一个准确说法。

不过，爱美之心，人皆有之。半坡人也有他们的审美观和对美的追求。

通过对陶器上人面形花纹图案的分析，可以推测出当时妇女最时尚的装扮是这样的：她们把头发盘结于头顶，梳成高耸的圆锥形发髻，并用骨制的发卡束起来。发髻下方，她们会在额头上扎一根可能是红色的布带，脖颈上挂着项链——项链上的珠子，通常由兽骨制成。

5

半坡时代,车轮还没发明,出行时,自然无车可坐。

那时候,人们出门,主要依靠双脚行走。唯一可以节省体力的工具是独木舟,它可以将他们渡过不算湍急的河流和风平浪静的小型湖泊。

好在,一生中,他们的活动半径也就在几十公里范围内——如果没有遇上必须迁徙到远方的重大事件的话。那时候的人类,绝大多数可能都没去过离自己居住聚落100公里以外的地方。对他们来说,100公里以外就是极为遥远的远方,就是充满危险的不可思议的异地他乡。

这些蛮荒时代的先民,一部分人过着简朴的集体生活,春耕夏耘,秋收冬藏,间或渔猎。另一部分人制作陶器。妇女照顾孩子和老人,以及编织衣服,有时还负责采集野果和野菜。

白天,他们为了吃饱肚子而奔波。漫长的夜晚来临,尤其是那些气候宜人的夏秋之夜,他们聚集在村落中的广场上,点燃一堆堆篝火,唱歌、跳舞,或是听老人讲故事——很可能,最早的神话就这样诞生了。这也是文学之河的起源。

人类与动物的最大区别,除了人类会制造工具外,还在于人类在温饱得到解决之后,会创造艺术,以满足精神上的需求。

半坡时代,艺术除了山洞里的岩画和陶器上的图案外,还有另一重要发明——音乐。

贾湖遗址位于河南舞阳县北舞渡镇贾湖村,是新石器前期遗址,比新石器中期的半坡时代还要早一些。

在贾湖遗址,出土了40多支笛子。这些笛子用丹顶鹤的骨头制成,距今已有8000年了。刚出土时,专家们为了测音,用其中一支骨笛,吹奏了一曲《小白菜》。

世界上最古老的乐器,竟然发出了悠扬婉转的乐声,它的音阶结构和保存的完整度都令专家们感到意外。

2008年,为了迎接北京奥运会,它入选首都博物馆"中国记忆——5000年文明瑰宝展"。

可以想象的是,骨笛这些古老的乐器,曾是包括半坡人在内的远古人类精神生活的重要组成部分。悠悠笛声中,原始初民时代的人们唱起古老的歌谣,感受生而为人的幸福。

想象中的半坡时代人生活场景

6

不过，与现代人相比，半坡人——包括更远的那些原始人——他们的寿命都短得可怜。

姜寨遗址在陕西临潼，它也是一座半坡类型的原始聚落，距今6000年到7000年。在姜寨遗址，考古工作者发掘了400多座墓葬。420位死者中，婴儿就有230余人，占了一半以上。这说明，当时的人，至少有一半左右没能长大成人就早夭了。

由于医疗水平极其低下（还处于巫医共生的萌芽状态），一些如今不起眼的小病很可能就会夺走他们的生命。以妇女来说，难产是经常发生的事，半数以上的妇女都会在30岁以前去世。活下来的其他人，饱受各种疾病的折磨。比如，食物粗糙导致成人牙齿磨损极为严重，几乎每一个成人都有牙周疾病。大量繁重的体力劳动，使他们骨折或是腰肌劳损。

根据计算，半坡时代的人均寿命，只有20到21岁，还不到今天人均寿命的三分之一。当代人上大学的年龄，大多数原始人已行将就木。如果能活到五六十岁，那就是了不起的高寿。

半坡时代的人类聚落都有公共墓地，死者会被安葬在一起。死者的尸体被亲人安放在陶瓮中，陶瓮的盖子上会钻一个小孔。人们相信，死者并没有死去，他们不朽的灵魂，将会通过这个小小的孔洞，往来于人间和阴世。

那样的原始初民时代，一个人从呱呱坠地到魂兮归去，短暂

第七章 新石器时代的生活

的一生就像在春天午后的阳光下打个盹那么疾速。为了活下去,为了度过白驹过隙般的一生,这些不知名的先民必须日出而作、日落而息,把一生中的大多数时间和精力都花在填饱肚子上。

不过,回报他们这种辛劳的,是混沌初开的新鲜世界,是大地上随意往还的任性自由,是悠悠骨笛吹奏出的田园牧歌,是人和大自然亲密无间的零距离接触。

第八章　神话中的上古英雄

神话是人类社会童年时期的产物。

——袁珂

1

你一定听老师或父母讲过故事,这些故事里,多半有一些属于神话。

比如我们在前面说到过的盘古开天辟地和女娲抟土造人。这些,就是神话。

神话的起源,肯定远在文字出现之前。那时,还处于蒙昧之中的远古人类,对自然界的各种现象——如电闪雷鸣、火山喷发、月缺月圆、花开花落、生生死死——无法理解,于是认为这一切现象的背后,都有一种超自然的力量,也就是神的存在。

进而,他们通过不断地演绎和完善,集体创作了若干故事。这些故事背后,都有神的存在。是故称为神话。

还有一类神话,是想解释人类发展进程中,各种重要事物是如何出现的。比如火的运用和房屋的建造。远古人类不知道这些东西的发展形成需要一个漫长的过程,于是把发明权归功于一些近似于神的英雄人物。

1925年,学者王国维在清华国学研究院成立后不久开了一门课，叫作"古史新证"。

王国维认为，研究古史是一件最困难的事情。因为古史——不仅是中国的古史，世界各个古代文明的古史都一样——总是和神话结合在一起。对研究者来说，最大的困难就是区别哪些是神话，哪些是史实。

不过，王国维断言：所有的传说里面一定存有史实的素地。

所谓素地，是英文back ground的直译，也就是我们现在所说的背景。

我们下面讲几个神话中的上古英雄的故事，而他们的故事，正好间接地反映了人类曲折发展的进程。在传说的表象之下，其实潜藏着人类的真实历史。

2

盘古和女娲，是中国神话体系里最早也最伟大的神，一个开天辟地，一个抟土造人并补天，前面我们已经讲过，在此不赘。

中国古籍以及民间传说里，记录和流传最广、最著名的上古英雄，首推三皇五帝。

三皇五帝具体由哪些人组成，说法不一。以三皇来说，其中一种说法是：三皇，包括了天皇、地皇和人皇。

天皇是盘古的后裔，也是一位具有超强本领的大神——传说，他的寿命长达18000岁。天皇有12个儿子，他把这些儿子派往各地，帮他治理天下。从天皇时代起，中国开始具备国家的雏形。

地皇并不是天皇的儿子，他们之间隔了上万年。地皇出生于神话中的仙山龙耳山，寿命恰好也是18000岁。

地皇时代，日月星辰的运行忽然变得很混乱，有时一连数天都是白昼，有时一连数天都是黑夜。这种混乱，非常不利于人类生活。神力无边的地皇，首先固定好太阳和月亮，再固定好满天星辰。接着，他又规定30天为1个月，12个月为1年。从那以后，人类有了计算日期的方法。

人皇同样也不是地皇的儿子，他们之间也隔了上万年。人皇诞生于另一座仙山——刑马山。寿命比天皇和地皇差一些，只有15600岁。

人皇有九个兄弟，个个都具有通天的本领。人皇把天下分为九个州，令他的九个弟弟，一人统领一个州。至于他本人，他住在九州中央，时常出巡。他所坐的车辆可以在云层里穿行，驾车的人长着六条翅膀，行动比闪电还快。

三皇的另一种说法，是指有巢氏、燧人氏和知生氏。

在安徽境内，有一座面积近800平方公里的湖泊，名叫巢湖。远古时，巢湖一带是一个叫巢国的方国的疆域。巢国的创立者，据说就是有巢氏。

有巢氏最大的功绩是发明了在树上筑巢，即用树枝、树叶在树上搭出简陋的居所，从而成为最原始的房屋。此后，人类纷纷从穴居过渡到巢居。住在树上，不仅比住在洞穴中空气更流通，环境更干燥，同时还避免了被野兽和洪水袭击。《庄子》说："古者禽兽多而人民少，于是民皆巢居以避之。"

文明的曙光

在河南商丘市商丘古城西南，有一座高大的陵墓，称为燧皇陵。燧皇陵埋葬的，据说就是燧人氏。

史料记载，燧人氏风姓，名允婼，他最大的功绩是发明了钻木取火。从那以后，人类真正地掌握了火，与茹毛饮血的历史彻底告别。

有一种说法是，燧人氏就是天皇。不过，道教却把他称为人皇。

还有一种说法是，燧人氏是有巢氏的儿子，他娶妻华胥氏，生子伏羲。

关于知生氏的记载比较少，只知道他教会了人们生产，《庄子》说："夏多积薪，冬则炀（yáng）之，故命之曰知生之民。"

3

我们回过头来讲燧人氏的儿子伏羲。

伏羲是谁呢？

据说，远古时候，有一个年轻女子，名叫华胥。有一天，华胥到一个叫雷泽的地方去采摘野果，她偶然看到地上有一双很大很大的脚印，就像传说中的巨人留下来的。华胥好奇地把自己的脚踩到脚印里去比较了一下。

令人惊奇的是，回到家不久，华胥就有了身孕，后来生下一个男婴，这男婴就是伏羲。

踩巨人脚印或是吞下鸟蛋怀孕的故事，神话里屡见不鲜。它所反映的真实情况是母系氏族社会里，人们只知其母而不知其父。

旧石器时代晚期，原始人群进入母系氏族社会。母系氏族社会的形成，是因为远古人类的知识还不能认识自身生理现象，只知道子女是由母亲所生，子女与母亲有血缘关系，而不知道父亲的存在，更不知道子女与父亲也有血缘关系。因而，氏族社会里，女性享有崇高地位，世系按女性继承，子孙也归于母亲。

伏羲长大后，不仅智力超群，而且勇猛异常，很快就成为部落头人。他把周边许多部落联合起来，当上了部落联盟首领。

那时，人类还没学会耕种和养殖，他们的食物主要依靠采集和打猎获得。随着人口繁衍，大地上的人越来越多，伏羲非常担心：野果不是每个季节都能采集的，而森林里的野兽总有一天会被大家猎杀得越来越少，那时候，人类怎么办？难道就这样眼睁睁地饿死吗？

伏羲居住的地方有一条大河。一天，他无意中看到一条鱼儿跃出水面，他灵机一动，抓到一条鱼吃了下去。吃完很久，没有任何不适。从那以后，人类开始把鱼当作食物来源。

最初，人们只能徒手抓鱼，既辛苦，效率也不高。后来，伏羲发明了渔网。

据说，伏羲是这样发明渔网的：天气炎热的夏天，伏羲躺在树下乘凉，他偶然看到，头上有一只蜘蛛在织网。网织好后，很快就有一只苍蝇"嗡嗡嗡"地飞了过来，一头扎进网里，它拼命挣扎，却怎么也无法从网中脱身。这时，蜘蛛从角落里爬过来，苍蝇便成了它的一顿美餐。

第八章　神话中的上古英雄

文明的曙光

蜘蛛网给了伏羲极大的启示。他找到一种有韧性的葛藤，把葛藤交叉编织，做成蜘蛛网的样子，又在网的两端各绑一根树枝。这样，一张简陋的渔网算是完成了。经过不断改进，渔网成了如今我们看到的样子。

发明渔网之外，口耳相传的神话里，伏羲还有以下重要贡献。

其一，驯养野兽。那时，人们打猎时捕获到的动物，有的还是活的，但不知道怎么饲养，也没有饲养的概念。哪怕吃不完，也统统杀掉，非常浪费。反之，有时候打到的猎物少甚至打不到猎物，那就意味着要饿肚子。

伏羲第一个想到，如果把捕获的动物关在山洞里，等到食物少的时候再杀，不就能避免饥一顿饱一顿吗？

其二，创立八卦。所谓八卦，简单地说，就是八个各由三根虚实线条组成的符号，每一个符号称为一卦。八卦为乾、坤、巽、震、坎、离、艮、兑，分别代表天、地、风、雷、水、火、山、泽八种自然现象。同时，每一卦还象征多种事物。其中，乾和坤两卦占有特别重要的地位，是自然界和人类一切现象的本源。八卦极为深奥，历代学者都有各自的阐述，我们可以把它理解为一种原始记事方式以及对大自然的一种推理演绎。

今天，在甘肃天水市麦积区，群峰之中有一座山名为画卦台，又名卦台山。据说，这里就是当年伏羲画八卦的地方。登临山顶，俯瞰山下，渭河自东向西弯曲成一个S形，把椭圆形的三阳川盆地一分为二，画出一个天然太极图。

天水也被称为羲皇故里。羲皇，就是伏羲。画卦台之外，还有古老的伏羲庙和古风台等与伏羲有关的古迹。20世纪80年代以来，天水每年都要举办一次公祭伏羲大典。

其三，创立婚姻制度，由近亲的血缘婚改为族外婚，从而结束了子女只知其母不知其父的原始群婚。不过，在另一些传说里，伏羲却与他的妹妹，也就是著名的女神女娲结为夫妇。

虽然有历史的影射，传说毕竟不是历史，因而传说与传说之间，不免相互矛盾。

4

在第六章中，我们讲述了原始农业如何萌芽和发展。可以肯定地说，农业的起源绝不可能是一朝一夕，甚至也不可能是一代人两代人的事，而是在远古人类不断观察、不断总结和探索之中慢慢形成的。

不过，神话体系里，人们把农业的发明权归于一个英雄人物，就像把钻木取火的发明权归于燧人氏一样。

漆水是渭河的支流，这条河全长只有150公里。漆水下游，土地肥沃，很早以来，就是农业发达之地。有一位据说最先教人种植的上古英雄，就生活在这一地区。

在他出生之前，这里有一个叫有邰（Tái）氏的部落。部落里，有一个年轻姑娘叫姜嫄。如同华胥姑娘一样，有一天，姜嫄也在野外发现了一个巨人脚印，也好奇地把自己的脚放进去——于是，她也怀孕了。

文明的曙光

不久，姜嫄生下一个男婴，她很害怕，三次把男婴抱出家门抛弃。第一次，她把男婴放到牛马来来往往的村道上，可牛马经过男婴身旁时，无不小心翼翼地绕过，生怕踩到他。姜嫄见了，只好又抱回来。

第二次，姜嫄打算把男婴扔到森林里。可当姜嫄赶到森林时，却发现有许多人正在伐木或打猎。姜嫄怕别人看见，只好又把男婴抱回来。

第三次，姜嫄把男婴放到结了冰的溪流上。第二天，当姜嫄来到小溪边时，她吃惊地看见，几只大鸟蹲伏在男婴身边，用它们毛茸茸的翅膀为他遮挡风寒。

姜嫄这才回过神来。她想，既然上天处处照顾这个男婴，这个男婴肯定不是妖怪。这样想着，她就把男婴带回家悉心抚养。因为一连抛弃过三次，就给他取名叫弃。

弃长大后，显露出了与众不同的禀赋。那时，人们靠打猎和采集为生。采集的植物主要是各种野果和野菜，不仅品种单一，来源也有限，时常过着半饥不饱的日子。

弃看到山上郁郁葱葱的植物，他就琢磨：它们中间，哪些是可以食用的？是果实可以食用，叶子可以食用，还是块茎可以食用？他想起部落里老人给他讲过的神农尝百草的故事，灵机一动，也像神农那样品尝这些植物，以便确定哪些是可以吃的，哪些是不可以吃的。

弃花了许多时间，在野外四处奔走，品尝各种植物。为此，他也像神农那样，多次遭遇危险，差点儿被有毒植物毒死，幸好有惊无险。多年下来,他积累了丰富的植物知识。他把这些知识教给部落里的人,部落里的人在采集时,范围更大了,获得食物的机会也更多了。

有一天,弃发现前一年掉在门口的几颗小麦,长出了一小丛麦子。他进而想到,如果每年都有意识地把麦子和其他粮食撒到地里,那么,到了秋天,不就能收获更多粮食吗?经过反复实验,弃终于掌握了该在什么时候种植什么作物,并如何松土、浇水、锄草和收获的规律。

姜嫄后来嫁给了帝喾(Kù)。帝喾死后,由其子尧继承帝位。从辈分上说,尧与弃是兄弟。尧得知弃的事迹后,下令封弃为农师。以后,尧的继承人舜又把他封到姜嫄的老家邰。弃最早培育的粮食作物中,最重要的是稷和麦,因此,弃的封号就是后稷。

在漆水之滨的武功县老城东门外,有一处名为教稼台的古迹。据说,那就是后稷教民务农的地方——相当于世界上最早的农业科学技术研究所和农业学校,后人把它认作中国农业的发祥地。

教稼台后稷塑像

通过后稷的努力，农业渐渐成为食物最重要的来源，人们从此过上了定居生活，不再因采集或渔猎而四处迁徙。

后稷的家族一直以擅长农业著称。传到他的第十五代孙时，就是周武王。周武王率兵伐纣，推翻了商朝，建立了周朝。所以，后稷又被认为是周人的先祖；周人，也一直以擅长农业而著称。

第九章 黄帝和他的时代

赫赫始祖，吾华肇造。

——毛泽东

1

晨光中的树林静穆而神秘。

这是中国最古老、覆盖面积最大、保存最完整的古柏群。80000多株苍劲的古柏中，1000年以上树龄的就达30000多株。

众多柏树中，有一株高约20米、胸径超过11米，它状如巨形绿伞，是地球上年龄最长的柏树，被称为"世界柏树之父"。

它屹立在这里，已经有大约5000个春秋了。

亲手种植这棵柏树的人，就长眠在柏树后

陕西黄帝陵园里传说黄帝亲手种植的柏树

文明的曙光

面那座郁郁葱葱的山峰下。

这座山叫桥山,位于陕西黄陵县。每年清明节前后,由官方主办的对这位长眠者的公祭都会如期举行。公祭始于战国,至今已有2500多年,也就是100多代人的历史。

据司马迁考证,这位长眠者复姓公孙,名轩辕;但另一些史家则认为,他姓姬,名叫姬轩辕,又称轩辕氏。由于他曾定都于有熊(今河南郑州),故而又称有熊氏。还有一种说法却认为,熊其实是他所在部落的图腾。

尽管这些关于他的信息说法不一,但我们今天都把他称作"黄帝"。

陕西黄帝陵

黄帝是什么意思呢？

按照五行学说，天下万物都是由五类元素构成，它们分别是金、木、水、火、土。五者之间存在着相生与相克的关系，而不同的王朝就如同不同的元素，同样会相生与相克。依五行论，黄帝王朝属土，以土而胜，称为土德。土是黄的，故称黄帝。

2

司马迁在写作《史记》时，对于这部巨著从什么人开篇，一定有过他的充分考虑。

《史记》的开篇没从三皇落笔，大概是司马迁认为，三皇有着过多的神话色彩，与真实历史相去较远。于是，他选择了从五帝入手。尽管三皇五帝到底由哪些人组成，自古以来就说法各异，但五帝之首，几乎都是黄帝。这也就意味着，《史记》的第一个人物是黄帝。

那么，黄帝距我们今天，到底有多久呢？回答这个问题之前，我们先讲一个常识，那就是纪元。

比如说，今年是2023年，这是采用的公元纪年。

最初，罗马教皇格里高利十三世规定，以传说中耶稣诞生那一年为公元元年。2023年，就是耶稣诞生后第2023年。至于耶稣诞生之前的年代，用公元前表示。比如公元前120年，意思是指耶稣降生之前120年。

文明的曙光

自从1949年新中国成立后，我国就采用公元纪年法。

不过，在极为漫长的中国古代，并没有公元一说，而是采用另外三种纪年法。

其一是干支纪年。干支即天干和地支，它起源于我国古代对天象的观测。将十天干与十二地支依次相配，如甲子、乙丑、丙寅，可以组成60个基本单位。每一个基本单位代表一年，那么，每60年就要轮回一次，称为一个甲子。

其二是王公即位年次纪年。即以王公在位年数来纪年，如鲁隐公元年、赵惠文王十年。

其三是年号纪年法。从汉武帝起，直到2000多年后清朝最后一个皇帝溥仪为止，中国历史上的几百个皇帝登基后都会改元，有的在位期间还要改多次。但到了明朝和清朝，每个皇帝都只改元一次。因而，皇帝的年号加年数，便成为一种重要的纪年方法。如政和元年、庆历四年、乾隆三十五年等。

1911年，辛亥革命推翻了清朝统治，结束了2000多年的帝制。革命党人打算建立一个资产阶级的民主国家，那么，再使用王位纪年法或年号纪年法都不妥当。

那用什么纪年呢？

有人提议，采用黄帝纪年法。

黄帝纪年法，就是以黄帝即位那年为黄帝元年。但是，黄帝及其时代，缺少准确翔实的文字记载，他到底是哪一年即位的呢？围绕这一核心事件的看法不同，黄帝纪元的起始时间也有所不同。

最终，《民报》的说法得到了大多数人的认可。《民报》经过测算后认为，公元1911年，即为黄帝纪元4609年，亦即黄帝即位于公元前2698年。这也意味着，黄帝时代距今大约有4700年左右，大概相当于考古史上的龙山文化时期。

3

今天，华人常常骄傲地把自己称为炎黄子孙。

"炎黄子孙"这一词语形成于清朝末年。不过，与炎黄子孙的含义大体相同的诸如炎黄苗裔、黄炎之后的说法，却早在2000多年前的战国时代就出现了。

这就是说，华人把炎黄奉为自己的共同祖先不是一朝一夕的事，而是一脉相承的久远传统。

炎即炎帝，黄即黄帝。

非常有意思的是，尽管我们是炎帝和黄帝的子孙，但一开始，这两位老祖宗并不是血浓于水的兄弟，而是针锋相对，甚至打得你死我活的敌人。

5000年前的中原地区——主要包括今天的河南、河北、山西和山东，分布着若干个大大小小的方国。说是国，其实只能算是较大的部落或部落联盟。数量极多，达到了惊人的10000以上（司马迁称之为"黄帝时有万诸侯"）。

这种方国林立、万国并存的局面，和古希腊时代的城邦国家有些类似。

文明的曙光

在地中海之滨的希腊半岛，公元前8世纪到前2世纪（相当于中国的西周到西汉时期），有上百个城邦。

所谓城邦，就是以一个独立、自主和单独的城镇为中心的国家，又称城市国家。就是说，以一座城镇为核心，附带周边面积不等的乡村，构成一个国家。城邦与城邦之间，会结成联盟。

黄帝时代的大小方国中，势力最强大的有三个：一是神农氏，也就是炎帝所在的部落；二是九黎氏，也就是蚩尤所在的部落；三是有熊氏，也就是黄帝所在的部落。

根据古籍说法，黄帝部落以姬水为发祥地，炎帝以姜水为发源地。姬水和姜水都在陕西。但是，随着部族繁衍，他们渡过黄河向东发展。黄帝部落居于黄河以北，炎帝部落居于黄河以南。

三个部落（或者说部落联盟）里，原本最强大的是神农氏。不过，此时神农氏已渐渐衰弱，正在崛起的是有熊氏和九黎氏。

黄帝统一中原的进程中，先后有过两次大战，一次是阪泉大战，另一次是涿鹿大战。前者征服了炎帝，后者擒杀了蚩尤。但到底哪次战役发生在前，历来都有不同说法。我们这里采用司马迁的记载。

司马迁认为，阪泉大战在前，黄帝首先征服的是神农氏，也就是炎帝。

阪泉到底在今天什么地方，历来有不同说法。比较通行的有河北涿鹿说、山西阳曲说和北京延庆说。

阪泉大战一共打了三场，战争的激烈和残酷程度，后人曾用血流漂杵来形容。杵本是捣物用的棒槌，代指冷兵器时代的长杆兵器。意思是说，杀死杀伤的人流出来的血，把长杆兵器都漂浮了起来。不过，后来发生的许多次战争，传统史家也都用血流漂杵来形容。可见这只是一种惯用的夸张而已。

《列子》描写大战的情形时说："黄帝与炎帝战于阪泉之野，帅熊、罴（pí）、狼、豹、貙（chū）、虎为前驱，以雕、鹖（hé）、鹰、鸢为旗帜。"这里所说的熊、罴、虎、狼等兽类，并不是说黄帝能驱使动物为他效力，而是指不同部落的图腾。有的图腾是熊，有的图腾是虎，有的图腾是狼。

三战之后，炎帝做了黄帝的俘虏。黄帝没有伤害他，而是和他结为同盟。炎帝审时度势，也对黄帝口服心服，甘愿接受黄帝的领导。

尽管黄帝声势浩大，威名远播，蚩尤却并没有把他放在眼里。

因为蚩尤的势力也相当强大。古籍上说，蚩尤有81个兄弟，每一个都长着野兽的身子，铜头铁额，以沙子为食。

你当然明白，世界上不可能存在这样的人。透过传说的迷雾，其背后的真实情况可能是这样的：蚩尤控制了81个以各种野兽为图腾的部落，这些部落，已经能制作简易的铜质武器，并有着较为发达的沙地农业。

蚩尤首先和炎帝发生冲突。三者之中，炎帝最弱，很快被打得找不着北，只得向同盟黄帝求救。

最初的九次交战中，黄帝都没能占上风。传说，大战时，蚩尤利用大雾使黄帝的军队迷失了方向。黄帝制造出指南车，用以指示方向，才走出了大雾。

文明的曙光

所谓指南车,又称司南车,它与指南针依靠地磁效应的原理不同,是利用机械传动系统来指明方向。不论车子转向何方,木人的手始终指向指南车出发时设置的方向,"车虽回运而手常指南"。

指南车的发明说明车和车轮在黄帝时代已经出现了,虽然说发明者不一定是黄帝,但它至少已为黄帝部落熟练掌握并应用于生产生活中了。

炎黄联军与蚩尤的决定性战役发生在涿鹿,史称涿鹿大战。

涿鹿地处桑干河下游,东距北京城区130公里,位于华北平原向太行山的过渡地带。涿鹿境内,至今尚存黄帝城遗址。传说,黄帝战败蚩尤后修筑了此城。

黄帝擒获蚩尤后,斥责他罪大恶极,并将其处死。那些原本归附蚩尤的部众,一部分并入黄帝部落,另一部分并入炎帝部落,还有一部分不断南迁,演化为史书上所说的三苗,即苗族的祖先。

黄帝征服炎帝、斩杀蚩尤后,不仅统治的地盘比以往任何的部落联盟都要广阔得多,更重要的是,已经具有国家的雏形。

正如郭沫若在《中国史稿》中所说的那样:"这种部落联盟已经超出了原来血缘关系的界限,按地域互相结合,是氏族机构向国家过渡的形态。部落联盟由参加联盟的各氏族部落的首领组成联盟议事会,重要事务都要由联盟议事会讨论决定。"

为了加强与天下各部落、方国的联系,黄帝派人到处劈山修路,不断巡视四方。以至于他死后2000多年,当史学家司马迁游历天下时,"西至空桐,北过涿鹿,东渐于海,南浮江淮",东南西北不同地方的民众,都说黄帝曾到过他们那里。

黄帝和炎帝两大部落融合后,通过战争和经济、文化交流,不断与羌人、夷人、戎人、狄人等民族融合,奠定了后来的华夏族的基础。

华夏族又称夏、诸夏、华、华夏。夏朝时,称为夏人。夏亡后,商人进入夏人地区,与夏人杂居。周灭商后,周人又进入商人地区与商人杂居。在夏人、商人和周人的基础上,通过与其他民族的融合,周朝时,华夏族已然形成。

华夏族也是汉族的前身,到了汉朝,汉人这一称谓正式出现。

所以,追根溯源,炎黄不仅是汉族的祖先,也是华夏族和其他少数民族的共同祖先。

黄帝城遗址

4

姓氏是具有深厚中国特色的传统。

今天,我们常把姓氏连在一起,混为一谈。其实,究其实质,姓和氏是有区别的。

段玉裁在《说文解字注》中说:"姓者统于上者也。氏者别于下者也。"具体说来,姓起源于母系氏族社会,姓字从女从生,意思就是"女所生",即同一个老祖母所生的后代都是同姓。姓的功用,最早是用来明人伦,以便近亲不婚。所以《国语》中说,"同姓不婚,恶不殖也"——古人已经意识到,同姓之间有血缘关系,而血亲结婚,将对他们生育后代产生不良影响。

氏是人类进入父系氏族社会之后的产物,"氏者,别其子孙之所自分"。随着同一祖先的子孙繁衍增多,这个家族往往会分成若干分支散居各处。各个分支的子孙除了保留姓以外,另为自己取一个称号做标志,这就是"氏"。也就是说,姓是一个家族的所有后代的共同称号,氏是从姓中衍生出来的分支。

上古时候,男子有姓有氏,女子则有姓无氏。女子有姓主要是为了避免近亲结婚,男子有氏主要是为了区别尊卑贵贱。

前面说过,黄帝居住在轩辕之丘,因而以居住之地为氏,称为轩辕氏。那么,黄帝姓什么呢?

由于姓起源于母系氏族社会,从而打上了浓重的女性的烙印,因而中国最古老的姓,几乎都是女字旁。如姜、姬、嬴、姒(Sì)、嫪(Lào)。

主流说法认为，黄帝的姓，就是这最古老的姓之一：姬。

自黄帝以姬为姓以后，它也是周朝的国姓，还是春秋战国时吴、鲁、燕、卫、晋、郑、曹、蔡等诸侯国国君的姓。如今，姬姓人口只有54万多，在"百家姓"中排到了近300位，是一个地地道道的小姓。

但是，姬姓却直接演化出了周、吴、郑、王、鲁、曹、魏等411个姓，占"百家姓"总数的八成；而由这411个姓再次衍生出来的姓更是不可胜数。

如同黄帝是华夏民族的共祖一样，姬姓也可称为万姓之宗。

5

在中国，最神奇的动物是这副尊容：长着鹿的角、驼的头、兔的眼、蛇的项、蜃的腹、鱼的鳞、鹰的爪、虎的掌和牛的耳朵。

即使找遍全球，你也不可能找到它。

它只存在于传说中，这就是中国妇孺皆知的龙。

今天，我们除了自称炎黄子孙外，还爱自称龙的传人。

究其根源，也和黄帝有关。

《史记》记载，黄帝统一中原后，在一个叫釜山的地方召集了归附他的诸侯——也就是各部落的首领开会。《史记》称为"合符釜山"。

这个釜山当然不是当代韩国城市釜山，而是位于黄帝与炎帝合战蚩尤的河北涿鹿境内。

文明的曙光

釜山会议上有两件大事，一是诸侯承认黄帝的共主地位，二是统一图腾。

如前所述，上古时，几乎每一个部落或部落联盟都有自己的图腾。黄帝的图腾是熊，按理，他统一天下后，可以将熊作为统一的图腾。但是，黄帝没有这么干。他从各部落的图腾中，各自抽取了一部分：鹿角、驼头、兔眼、蛇项等，从而构成了一个新的、从来没有过的图腾——龙。

于是，一种并不存在的动物凭空创造出来，成为黄帝时代的标志，也成为我们民族更为久远的象征。

山东曲阜寿丘，建于宋朝的黄帝出生地坐标纪念建筑物

第十章　汉字出世与栽桑养蚕

中国文字是一种象征。

——［法］白晋

1

鉴于黄帝对后世的巨大影响，后人把不少上古时的发明都归到了他或他的臣子身上。就黄帝本人来说，相传，车轮、船只、算术、历法、音乐、阵法、铸鼎……都属于他的专利。但其中有相当一部分，显然是后人穿凿附会的。

黄帝臣子们的发明中，对后世影响最大的首推创制文字，其次是栽桑养蚕。

我们先讲创制文字的故事。

今天，中国人使用的文字称为汉字——包括你正在读的这本书，它就是用汉字写成并印刷的。漫长的时间里，汉字经过了多次演变和发展，才成为我们今天见到的样子。

民间故事里，汉字的发明权归于仓颉。仓颉是黄帝手下的官员，同时也是天上的神托生于人间，他长着四只眼睛，神光四射。

黄帝分派给仓颉的工作是管理牲口的数目以及囤里食物的多少，相当于国家统计局局长。仓颉是个聪明人，做事又尽力尽心，工作干得很出色。

文明的曙光

但是，慢慢地，随着牲口和食物的数量不断增加，同时也不断变化，再聪明的脑袋也不是计算机，仅凭着死记，难度越来越大。仓颉为此很苦闷，一直寻思要想个办法来解决。

仓颉很快找到了结绳记事的办法：先是在绳子上打结，用不同颜色的绳子，表示不同的牲口和食物，而绳子打结的多少代表不同的数目。

不过，时间一长，这个办法也不管用了——增加的数目在绳子上打个结很容易，但减少数目时，在绳子上解结就十分麻烦。仓颉又想到了在绳子上打圈圈，在圈子里挂上各式各样的贝壳，用来代表他所管理的东西。

这办法还不错，一直用了好些年。

黄帝看到仓颉如此能干，就给他增加了更重的担子，叫他管的事情越来越多，诸如祭祀的次数、狩猎的分配、人丁的增减等，都由仓颉负责。这下，仓颉又犯愁了，凭着添绳子、挂贝壳已不顶事，怎样才能不出差错呢？

一天，仓颉参加集体狩猎，走到一个三岔路口时，几个老人在为该往哪条路走而争辩，他们指着地上野兽的脚印各执己见：一个老人坚持往东，说有羚羊；一个老人要往北，说前面不远可以追到鹿群；一个老人要往西，说有两只老虎，不及时打死，就会错过机会。

仓颉心中猛然一喜：既然一个脚印代表一种野兽，我为什么不用各种符号来表示我所管理的不同的东西呢？

仓颉想到这里，狩猎也不去了，他高兴地奔回家，开始创造各种符号来表示各种事物。果然，事情管理得井井有条。

黄帝得悉后，对仓颉大为赞赏，并加封仓颉为史官，命令仓颉到各个部落去传授这种方法。渐渐地，这些符号得到了大家的公认。这就是汉字的起源。

仓颉造字，乃是开天辟地的大事，不但黄帝越来越器重他，他本人在民间的声望也越来越高。仓颉虽然是个了不起的智者，也不免为此头脑发热。他不但两眼向上，看不起其他人，甚至对造字工作也马虎起来。

仓颉的表现，传到黄帝耳朵里，黄帝十分恼火。为此，黄帝开了一次会，当然，仓颉不在与会者中。会上，资历最老的一个老人——此人长长的胡子上打了120多个结，表示他已有120多岁了——沉吟了一会儿，表示他有办法。

老人找到仓颉时，仓颉正在他开办的识字班里教各部落的人识字，老人默默地坐在最后，和别人一起认真地听。仓颉讲完后，别人散去了，唯独老人不走，还坐在老地方。仓颉有点儿好奇，就上前问他为什么不走。

老人诚恳地说："仓颉啊，你造的字已经家喻户晓，妇孺皆知，我虽然老了，也很有兴趣学习，可我人老眼花，有几个字至今还糊涂着呢，你肯不肯再教教我？"

仓颉看到老人一把年纪了，而且这么夸他，心里高兴，就点头答应了。

老人说："你造的'馬'（马）字和'騾'（骡）字，都有四条腿，可我不明白的是，牛本来也长有四条腿，但你造出来的

'牛'字却没有四条腿，只剩下一条尾巴呢？相反，鱼儿没有四条腿，只有一条尾巴，你造的'鱼'（鱼）字为什么却多了四条腿，反而没有尾巴呢？"

仓颉一听，心里咯噔一下，顿时有些慌乱了，原来他在造"鱼"字时，本来是要写成"牛"的；造"牛"字时，是要写成"鱼"的。没想到，由于一时马虎，竟然把这两个字弄颠倒了，后来只好将错就错。

老人接着又说："还有，我不明白的是，你造的'重'字，是说有千里之远，应该念出远门的'出'，你却教人念成重量的'重'。反过来，两座山合在一起的'出'字，本该为重量的'重'，你却教成了出远门的'出'。这几个字真叫我难以琢磨，只好来请教你了。"

这两个字和牛与鱼一样，也是仓颉马虎的产物。仓颉听了老人的话，羞愧得无地自容。从此以后，仓颉每造一个字，总要将字义反复推敲，还先拿去征求他人的意见。大家都说好，这才定下来，再教给各个部落的代表，让他们四处推广。汉字就这样一步步地传承下来，成为今天必需的语言工具。

很显然，这只是一个民间故事，并非真实历史。

那么，真实情况又是怎么样呢？我们如今天天打交道的汉字，它起源于何时？何地？何人？

很遗憾，由于材料缺失，我们至今还没法给出准确的答案，而只能根据有限的考古资料，得出一些模糊的推测。

目前，汉字起源有两种说法。

其一，远古人类看到鸟兽的足迹印在潮湿的泥地上，从而仿照创制文字，用以表意记事。这就是后来所说的鸟虫书和蝌蚪文。

其二，受传说中由伏羲创制的八卦启发而成。

不论哪一种起源，都承认一个前提条件，那就是从上古时起，人类因为生产生活的需要，最初用结绳的方法记事（这种方法，直到当代还有一些与世隔绝的原始民族在使用），后来用画图的方式记事，以后，再由图画慢慢演化成符号，终至成为系统的文字。

2

陵阳河是山东莒（Jǔ）县境内的一条小河。1957年，一场洪水后，当地乡政府工作人员在河滩上采集到一些石器和陶器，由此拉开了陵阳河遗址考古的序幕。

该遗址最重要的发现，其一是大量酒具。这说明，中国人酿酒饮酒的历史，至少有5000年左右了（民间传说，酿酒的发明专利属于杜康。而杜康，也是黄帝手下臣子）。

其二是一些大口尊。大口尊本身不算什么，关键是其中一些大口尊上，刻画有图像文字——它们既像图像，又像文字。

陵阳河遗址属于考古学上的大汶口文化晚期，大汶口文化年代距今6500年到4500年。其晚期，与龙山文化重叠，而黄帝，正好生活在那个时代。

陵阳河遗址的大口尊上，共发现了14个字，这些字既有单体，也有复体，无论单体还是复体，在形态上都有不少变化。

对于这些远古符号，有人认为已是文字，有人认为还不是文字。

观察这些符号，它并不是简单的图画，而是具有相当程度的抽象化，结构也具有一定规律，成为一种互有联系的图画体系，因而可以把它看作一种能够记录和传递信息的原始文字。

人类学家克拉克洪和丹尼尔·米勒都认为，一个称作文明的社会，必须具备下列三项条件中的两项：

其一，有5000以上居民的城镇；

其二，出现了文字；

其三，有复杂的礼仪建筑。

以黄帝时代来说，不是具备了条件中的两项，而是三项都已全部具备。因此，黄帝时代的中国，已经进入了文明社会。

如果中华文明是一条波澜壮阔的大河，那么，黄帝时代就是这条大河的源头。

3

我们接着说黄帝时代的第二大发明：栽桑养蚕。

栽桑养蚕本是古代中国对世界最有价值的贡献之一。查士丁尼时代，欧洲人偶尔通过波斯商人得到一些蚕丝，以及蚕丝织成的美丽丝绸，他们曾经自作聪明地认为：丝是从树上长出来的。

那时候，通过丝绸之路不远万里来到欧洲的丝绸制品异常昂贵，普通人根本无力问津，只有王室、贵族或巨富才有能力消费。王室结婚，贵族们要是能送上一方丝绸的手绢，就已是了不起的厚礼了。

为了与波斯商人分享贩运丝绸而得到的巨额利润,几番威胁未果,查士丁尼竟于540年发动了战争。

但是,早有防备的波斯严阵以待,查士丁尼一点儿也没讨到好处,不得已只得退兵回国。就在他回国的路上,奇迹发生了:两位僧侣前来求见。这两位僧侣是印度人,曾经因梁武帝笃信佛教而到中国传教,因而知道栽桑养蚕之事。也就是从这两位僧侣口中,欧洲人才明白,原来丝绸不是长在树上的。

查士丁尼如获至宝,立即授意两位僧侣再次到中国去,以传教为名,向中国农民学习养蚕和缫丝技术。几年后,两位僧侣果然掌握了各项技术,并将一些蚕种放在竹竿中,以云游僧做伪装骗过了中国边防的检查,顺利回到东罗马首都君士坦丁堡。

这一年,是552年,也就是从这一年开始,欧洲人学会了养蚕缫丝,波斯人的贸易垄断成为过去。

此后,到12世纪十字军第二次东征时期,南意大利国王罗杰二世在君士坦丁堡俘虏了2000多个丝织工人,并把他们全部移

四川盐亭嫘祖陵

民意大利。此后,意大利一步步成为欧洲丝绸工业的中心。

这时候,古老中国栽桑养蚕已经有三千年历史了。

传说中,栽桑养蚕的发明专利归属于一个女子,这个女子叫嫘(Léi)祖,是西陵氏之女,成年后嫁给黄帝,成为黄帝的正妻。

后世奉嫘祖为先蚕。所谓"先",是指最先教民育蚕抽丝,所以嫘祖又叫蚕母。古代蚕农之家必须祭祀嫘祖,嫘祖便成为农村妇孺皆知的大神。嫘祖的故乡,有人认为在今天的四川盐亭一带,这里自古至今都以农桑而闻名。而盐亭附近的南充,丝绸产业发达,有绸都之称。

在民间,关于嫘祖发明栽桑养蚕,一直流传着一个故事。

4

故事是这样的。

黄帝联合炎帝战败蚩尤后,建立了以他的部落为核心的部落联盟,黄帝理所当然地坐上了部落联盟第一把交椅。

战争平息了,和平年代,最重要的事情就是生产,黄帝任命嫘祖和另外两个大臣胡巢、伯鱼三人负责制作衣服。

嫘祖和胡巢、伯鱼三人再次进行了分工:胡巢负责帽子,伯鱼负责衣服,嫘祖负责帽子和衣服的原材料采集。这样,嫘祖天天带着妇女们上山剥树皮,织麻网,并把男人们打回来的各种猎物,凡是能用的皮毛都剥下来——加工成制作衣帽的原料。

在不太长的时间里,部落里的大小首领都穿上了衣服,但还有很多的人仍然光着身子，或是仅仅在腰间系几片树叶遮羞；而嫘祖由于劳累过度，终于病倒了。

嫘祖的病其实不仅是劳累，还在于她觉得现在这种采集原材料的方法局限性太大，效率不高，要让大家都穿上衣服，恐怕等到猴年马月都不行。嫘祖一着急，急火攻心，躺在床上不吃不喝。

黄帝见了，心里很难过，命令嫘祖手下的妇女想办法弄些嫘祖平常爱吃的东西给她送来，但嫘祖一点儿食欲也没有，黄帝和众人只能干着急。

嫘祖一连三天没吃饭，她手下的两个年轻女子看在眼里急在心上，就悄悄在一起商量，准备上山摘些鲜果回来，看嫘祖吃不吃。于是，两人一早就进了山，可她们跑遍了山山峁峁，摘了无数的果子，用嘴一尝，不是涩，就是酸，总觉得不可口。

天快黑的时候，两个女子在一片桑树林里发现树上结着雪白色的小果，这些小果子是她们从来没有见到过的，看上去洁白可爱。她们以为找到了好鲜果，赶忙趁天还没黑就摘了下来。

两个年轻女子将这些白色鲜果拿回部落准备给嫘祖吃时，才想起刚才只顾采，还没有尝试味道如何呢。其中一个女子放到嘴里一个，用劲儿一咬，却根本咬不动，而且也没啥味。两个女子面面相觑，丧气至极。

这时，一位名叫共鼓的大臣——传说此人发明了船——来找黄帝汇报工作，他看见两个年轻女子站在一起发呆，问她们怎么回事，两个女子就把她们为嫘祖摘回来的白色小果之事说了一遍。

共鼓听了说："咬不动，你们为什么不用水煮一下呢？"两个女子觉得有理,她们把白色鲜果倒在水里,架起火猛煮。可是,煮了好长时间,放进嘴里,还是咬不动。

一个女子拿起一根细木棒,在锅里乱搅。搅了一阵,她往外一拉木棒,惊讶地发现木棒上缠着很多像头发丝那样细的白线。她们觉得十分奇怪,就边挑边缠,不大一会儿,煮在锅里的白色果子全部变成了晶莹柔软的细丝线。

两个女子也没太在意,她们只是把这件新鲜事当成趣事告诉了嫘祖。

嫘祖听说后,愣了半晌,她的病情好像减轻了大半,立即就要看个明白。身边的人不让她动,并把缠在木棒上的细丝线取了过来。嫘祖仔细端详了半天,对两个女子说:"你们摘回来的不是什么果子,当然不能吃,不过,它可比鲜果有用得多啊。"

接着,嫘祖就详细询问两个女子:果子从哪里摘的?在哪座山上?在什么树上?两个女子一一做了回答。嫘祖听了后,食欲也有了,吃了一大碗饭就上床睡了。

第二天,嫘祖的病几乎全好了,她不顾黄帝劝阻,亲自带着两个摘鲜果的女子到昨天她们去过的桑园实地考察。嫘祖在树林里整整观察了好几天,终于弄清了这种白色果子的来龙去脉:原来这是一种嘴里会吐细丝的虫子绕织而成的,并不是树上结出的果子。

嫘祖回来把这件事向黄帝做了详细说明,并要求黄帝下令保护所有的桑树。从此,栽桑养蚕就在嫘祖的带领下开始了。她当然没有想到,她的这一发明,将会创造一条伟大的丝绸之路。

第十一章　从黄帝到大禹

大道之行也，天下为公，选贤与能，讲信修睦。

——《礼记》

1

晋武帝太康二年（281），汲郡汲县（今河南卫辉），一个不知姓名的盗墓贼，在一天深夜里掘开了一座陵墓（是战国魏襄王的）。墓中漆黑一片，他摸着一些竹片，点燃竹片照明。然而，在墓中反复寻找，除了发现大量写有文字的竹片外，并没有他所想象的金银珠宝或其他文物。

次日，当地村民看到被打开的古墓和散落的竹片，急忙向官府报告。当地政府派人把这些竹片收集后送到京城洛阳。晋武帝下令，由中书监荀勖（xù）和中书令和峤负责整理。

整理过程中，二人发现，这些两尺四寸长的竹简上，每支有40个用漆书写成的小篆文字。其内容，记载了自远古到战国时89位帝王共计1847年的历史。这些内容编订成书，后人称为《汲冢纪年》《古文纪年》或《竹书纪年》。

作为中国古代唯一留存于世的侥幸躲过秦朝焚书的编年体通史，《竹书纪年》在宋朝时再次散佚，其后又重新收集整理成书。关于它的价值，史学家李学勤说："《竹书纪年》在研究夏代的年代问题上有其特殊意义，正在于它是已知最早的一套年代学的系统。"

最能体现《竹书纪年》史料价值的，是它明确记载了这些后人已经模糊不清的上古帝王的在位年数，虽然这些数字的准确与否还有待史料或是考古发现提供进一步支撑，但至少可以视为一家之言。

累加书中所记的帝王在位年数，可以得到这些上古帝王统治时期的准确数据。如黄帝元年为公元前2394年，颛顼（Zhuānxū）元年为公元前2294年，帝喾元年为公元前2216年，帝挚元年为公元前2153年，尧帝元年为公元前2145年，舜帝元年为公元前2042年，大禹元年为公元前1989年。

2

如果依《竹书纪年》的说法，黄帝在位时间极为漫长，达到了惊人的一个世纪。

史书为了表达对黄帝的仰慕，不惜用夸张的语言描述了他所统治的那100年的情景。那100年中，人世太平，风调雨顺。最不可思议的是，就连虎豹也不捕食其他动物，鹰鹞也和鸡鸭和平共处。

如前所述，嫘祖是黄帝的正妻，史书称为元妃，相当于后世的皇后。她为黄帝生了两个儿子。一个叫玄嚣，一个叫昌意。昌意的儿子叫高阳，也就是五帝中的第二帝颛顼。

据说，颛顼最先被封在高阳（这也就是他又称为高阳氏的由来），即今天河南杞县。继承帝位后，先后定都（那时的首都，估计就是一个较大的村落而已）商丘和帝丘。帝丘，即今天河南濮阳。

帝丘与炎帝部落的核心地带陈丘（今河南淮阳）相近。炎帝部落虽与黄帝部落结为同盟，炎帝的后人共工却不服颛顼的管辖，起兵造反。

颛顼与共工进行了一番大战，共工战败西逃。传说中，共工逃到西北方的不周山下时，一头将支撑天空的巨柱撞断，使得天倾西北，地陷东南，并引发了超级洪水。幸好，女娲炼五色石补天，才使得苍天完好如初。

这些传说，曲折地反映了上古时期，为了争夺宜于农耕、宜于生存的中原大地，各部落之间曾有过你死我活的战争。胜者独霸沃土，败者只好逃到不毛之地。

颛顼时，还发生了一件大事。传说中，它是这样的：在颛顼之前，昆仑山上有一道天梯，联结着天和地。那时，不仅天上的神可以顺着天梯降到人世，地上的人也可以顺着天梯跑到天上。天梯的存在，使人神杂处，神时常干预人间事务，令颛顼十分头痛。

为此，颛顼命令他的两个孙子，一个奋力将天托起往上举，一个用劲儿将地按住往下压。这样，天与地之间的距离就越来越大，昆仑山的天梯越拉越长，终于折断了。从那以后，人间与天上没有了通道，天地间也不再来往。神的归神，人的归人。

这当然是个神话。但这个神话中，却有着史实的投影。这史实，就是绝地天通。

战国时的著作《国语》记载，颛顼令重（就是传说中托天的那位）"司天以属神"，令黎（就是传说中压地的那位）"司地以属民"。

什么意思呢？简单地说，就是让他们一个负责祭祀天神，一个负责祭祀地神。

颛顼这样做，有一个背景：上古时，原始宗教产生已久，巫术非常流行。不仅每个部落、每个氏族都有巫师，甚至就连每一个人，都可以祭祀神灵，并通过占卜之类的方式传达所谓的天意。这种状况的存在，使得意识形态很混乱，不利于统治。

颛顼绝地天通，令重和黎这种专门的神职人员掌管祭祀，只有由他们来沟通天与地、神与人才合法，也就是由部落联盟首领垄断了神权。

这种做法，在原始社会末期氏族社会行将解体的大势下，对国家和政权的催生，有着进步意义。

3

颛顼的儿孙中，出了不少重要人物。比如大舜，比如大禹，比如老童（老童是后来楚人的先祖，屈原就在他的诗里宣布：帝高阳之苗裔兮）。

颛顼死后，他的侄儿，即玄嚣的孙子喾继承帝位，是为帝喾，即高辛氏。这是五帝中的第三帝。

司马迁称赞帝喾"仁而威，惠而信"，以至于"日月所照，风雨所至，莫不从服"——太阳月亮照到的地方，没有一个人对他不服气。

这显然是司马迁的夸饰之词。

从有限的史料看,有一种说法是,帝喾制定了传承至今的二十四节气。但这种说法的真实性十分可疑。

关于帝喾,还有一个传说,据说他是一个优秀的音乐家,创作了不少歌曲,发明了多种乐器。当他令64名舞女穿着五彩衣服,随着歌曲跳舞时,就连凤凰也要飞过来翩翩起舞。

帝喾至少有四个夫人,这四个夫人为他生下了不少孩子,孩子们中间,有不少人名垂青史。

姜嫄生了弃——前面我们讲过姜嫄踩了巨人脚印生子的故事,姜嫄后来嫁给了帝喾,弃就是帝喾的儿子。弃成为传说中发明农业的人。

但我们也讲过,原始农业早在黄帝时就出现了,从而也可反证弃的故事只是故事。或者说,弃是帝喾时代负责农业的官员,而非农业的发明者。

陈锋氏之女生放勋。放勋在历史上以另一个称呼让后人肃然起敬——尧。

娵訾(Jūzī)氏之女生了挚。此人后来继承了帝喾的帝位。

简狄生子契,契是后来商人的祖先。

4

挚死后,放勋继承帝位,是为尧帝,当然也可以称作帝尧。

文明的曙光

后人为了表达敬意,常把他称为大尧——如同人们称舜为大舜,禹为大禹一样。

在后世,尧和舜并称,他们既位列五帝,也是英明仁厚的明君的代名词。历代文人歌颂帝王,最高评价就是称道他们乃尧舜再世。

那么,大尧在位期间,都干了些什么呢?

根据司马迁等史家的记载,大尧做了许多对后世产生过深远影响的事情,归纳起来,有这么几条。

其一,开创禅让制。禅让就是统治者在位时,把帝王之位让给别人。大尧年老了,向臣子们征求意见,询问谁可以接他的班。有人推荐了他的儿子丹朱。大尧认为丹朱不成器,没答应。后来,他把帝位禅让给了贤能的舜。

大舜年老时,照葫芦画瓢,把帝位禅让给大禹。在后来的世袭时代,禅让制让后人称道不已,认为那是天下为公、选贤举能的体现。

其二,制定历法。

其三,设诽谤木。你多半从电视里看到过,天安门前后,各有一对高大的汉白玉立柱,那就是华表。每根华表高近10米,重达20吨。华表不仅是一种装饰,还有着更深刻的内涵。它的根源,可以追溯到大尧时代的诽谤木。

上古时,人烟稀少,人们外出容易迷路,大尧就让人在路口竖起一些带有枝丫的木头做路标。后来,大尧发现,人们喜欢在这些路标上刻画一些痕迹。于是,他就在自己的居所外,树立了更大的木头。人们有什么意见和建议,可以把它写在上面,或是敲击木头,他就走出来听。

这根木头,人们称为诽谤木。今天,诽谤是个贬义词,指用不实的言辞诋毁他人。但在古汉语里,诽谤是个褒义词,和进谏是一个意思。

其四,发明围棋。鉴于儿子丹朱不务正业,常常外出惹是生非,大尧就发明了围棋,希望用它来稳其性,娱其心。

5

大公无私的大尧不愿意把治理天下的重任交给儿子丹朱,而是到处打听德才兼备的贤人。大尧手下有四个得力的臣子,称为四岳。四岳不约而同地向他推荐了一个叫舜的年轻人。

舜的事迹,大尧以前也听说过。舜的父亲是个盲人,人称瞽(gǔ)叟。另一种说法是,他其实并不瞎,只因不能分辨好恶是非,人们贬称他为瞎子。舜的母亲在一个叫姚墟的地方生下舜不久就去世了,舜以生地为姓,故他姓姚名重华。此后,瞽叟再娶,生了儿子象,即舜同父异母的弟弟。

在继母的挑拨下,瞽叟很不喜欢舜,有好几次,甚至打算杀了他,幸好舜都逃脱了。舜有时犯了小错误,瞽叟就重重地处罚他。舜却没有一点儿怨言,依然小心地侍奉父母,诚心地对待象。

成年后的舜曾经在历山种地,在雷泽打鱼,在寿丘制作陶器。其间,在历山时,他俘虏并驯服了一头大象,让力大无比的大象拖着犁在田野里耕种。这个故事说明，4000多年前的气候要比现在温暖，在中原地区还有大象出没。

由于四岳的推举，大尧决定重用舜，他把自己的两个女儿，也就是女英和娥皇嫁给了他。

多次考察后，大尧决定把帝位禅让给舜。

舜即位后，进行了一系列改革。比如，他设立了九个高级官员做自己的助手：司空管理水利，后稷管理农业，司徒管理教化，士管理刑罚。又把天下划分为十二个方，每一个方设一个最高长官，称为方伯。

大舜晚年，把帝位禅让给姒文命。姒文命的另一个称呼我们都耳熟能详，那就是治水英雄禹。人们尊称他为大禹。

6

司马迁曾经断言，"自黄帝至舜、禹，皆同姓而异其国号"。

意思是说，从黄帝到大舜和大禹，包括我们所熟知的五帝在内，他们都有血缘关系，只是国号不同而已。

司马迁的这种说法，在传统史家那里，得到了一致认同。但也有人认为，司马迁的这种观念是受大一统的影响，把不同时代、不同系统的部族领袖人物和部族集团，安排在同一个朝廷里，甚至说他们之间有血缘关系，这与实际情况是不符合的。

孰是孰非，恐怕一时还难以下结论。

对于尧舜时代的真实情况，我们可以通过考古发掘得以管中窥豹。

陶寺遗址位于山西临汾盆地中部,这里,正是古籍所记载的大尧时代的"都城"和核心统治地带。

通过对陶寺遗址出土器物的分析,它的绝对年代为公元前2300年到公元前1900年之间,也就是距今约4300多年到3900多年之间。这一时间,大体与尧舜时代相对应。所以,有考古学者认为,陶寺遗址就是尧都。

陶寺遗址出土的一件陶器上,有两个红色的象形文字,其中一个被解读为文,另一个则有尧、邑、命等多种解读。

陶寺遗址还发掘出一座观星台和一根用于测量的漆杆,这与司马迁所说的大尧派人观测天象、确定历法的记载相吻合。

此外,陶寺也是中国最早发现铜器的新石器时代遗址之一。这说明,尧舜时已从新石器时代进入了铜石并用时代。

历史,又翻开了新的篇章。

第十二章 超级大洪水

> 舜之时，共工振滔洪水，以薄空桑。龙门未开，吕梁未发，江淮通流，四海溟涬。民皆上丘陵，赴树木。
>
> ——《淮南子》

1

前面已经说过，竺可桢认为，历史时期的世界气候是有变迁的。他根据历史和考古发掘资料，证明我国在近5000年中的最初2000年，也就是从仰韶文化到商朝定都安阳时期，年平均气温比现在高2℃左右。

多年来的地理和考古研究已经证实，自距今约20000年的更新世晚期末次冰期以后的全新世时期，曾出现过全球性的气候回暖，时间大致在距今7500年至2500年之间，即中全新世时期。这一气候温暖期，在距今5000年左右达到峰值。

这一段漫长的温暖期，给我们留下了若干蛛丝马迹。

西安半坡遗址属于仰韶文化，距今约6000年左右。遗址中，曾发掘出獐、貉和竹鼠等动物的遗骸。这些动物需要温暖潮湿的生存环境，如今分布于长江中下游以及更南地区，在西安早已见不到它们的踪影。

甘肃秦安大地湾遗址属于仰韶文化晚期，距今5000年左右。遗址的房屋，有的主竖墙体竟采用了100多根巨大的木柱支撑。这些木柱，只能来自就近砍伐。这说明，如今已鲜见成片林地的渭河上游，曾经森林密布，古木参天。

亚洲象是亚洲现存的最大陆生动物，如今，我国的野生亚洲象仅分布于云南南部与缅甸、老挝交界的热带丛林中。但是，几千年前，也就是竺可桢认定的我国近5000年的最初2000年的温暖期，亚洲象是和我们的祖先朝夕相处的友好邻居（前一章我们刚讲了舜驯服大象以耕田的故事）。

种种情况都表明，从平均气温比今天高2℃的仰韶文化时期一直到周朝早期，大象的脚步遍及中原，它们活动范围的北限，直达黄河以北。

到了后来，大象渐渐南去，终于退缩到云南一隅。

远去的大象，为我们留下了一个汉字和一个词语：

汉字就是河南的简称"豫"，它的原意是一个人牵着大象行走。

词语就是"想象"。曾经熟悉大象的北方人，在大象永远离开后，只能凭借大象的图案去想象。

这些几千年前的细节一再向我们表明：四五千年前的温暖期，祖先的家园，和我们今天迥然不同。

2

温暖的气候，一般会带来更为丰沛的降水，而丰沛的降水，有可能会引发洪灾。但温暖的气候并不是大洪水的主要原因，更不是唯一原因。

沼泽地里常常有一种叫泥炭的东西，又称草炭、泥炭土或是泥煤。它既是煤化程度最低的煤，也是腐殖煤系列的初始状态，是远古植物在水文、地貌和气候诸种因素的综合作用下形成的。

在北京西郊山区，地质学家们发现了一处堆积达1100万立方米的泥炭。大面积的泥炭说明，远古时代，这里曾是一片生长旺盛的原始森林，后来，由于地壳运动，森林被淹没到水底，形成泥炭。

但是，四周高山耸峙，淹没森林的大量水流是从哪里来的呢？

1978年，地处北京市区的中央美术学院进行扩建。施工中，工人们从地下挖出了一些骨头，经专家辨识，这些骨头是鲸的脊椎。

地处华北平原深处的北京，怎么会有海洋生物化石呢？专家在深入研究后认为，大约六七千年前，由于气候转暖，海平面上升，北京一带被汹涌的海水淹没，鲸游弋到这里因故死亡，从而沉积下来变成化石。

北京西郊山区的泥炭，也是同样原因形成的。

这就是我们通常所说的全新世海侵。

不仅北京曾有过海平面比今天更高，从而海水倒灌到大陆的海侵，往南到山东、江苏、浙江，乃至于整个中国东部沿海，都能找到海侵的痕迹。

海平面上涨的同时，气温的升高还引发了西部雪原冰川的融化。学术界将全新世的全球变暖称为全新世大暖期，大暖期开始于约11000年前，在距今8500年到3000年之间达到顶峰，这一顶峰也称为中国全新世大暖期。

也就是说，在相同纬度上，中国是全球大暖期温度升高值最大的地区，也是全球冬季升温最高的地区。

大暖期里，不仅海平面上升，中国东部的海面高于今天1—3米，许多地区被海水淹没；同时，西部冰川融化，冻土带限于极小的范围，雪线上升，湖泊面积扩大，在西部的青藏高原出现大量堰塞湖。

现在，我们可以梳理出那场超级大洪水的成因：大暖期来临，地球气温全面回升。气温回升后，造成了海侵和冰川融化。海侵和冰川融化，使得大地上河湖密布。这些河流与湖泊纵横交错，相互勾连，经年不息的洪水使得不少人面临灭顶之灾。他们要么被洪水直接夺走生命，要么死于因洪水而引发的饥荒与疫病。

治水英雄大禹就在哀鸿遍野中闪亮登场。

3

上古时期的这场洪水，为期十分漫长，早在大尧时期，洪水就已为患四方了。

《史记》记载，大尧召集高级官员讨论，研究派谁去负责治水。四岳——也就是分管四方的四大诸侯，但也有学者认为是一个人的名字。总而言之，四岳认为，鲧是治水的最佳人选。尽管大尧指出鲧有很多毛病，但四岳还是坚持推荐鲧。于是，鲧便成为治水总管。

结果,九年过去了,鲧的治水事业几乎没有什么成效。

这时候,大尧已经年老,把治水交给了继承者大舜。大舜受禅让后,巡行天下。巡视的一个重点,就是鲧的治水。大舜认为,鲧治水徒劳无功,于是把他抓起来,在羽山——今天江苏东海县与山东临沭(Shù)县交界处的一座小山——将其处死。

不过,民间传说里,故事却是这样的。

为了治水,鲧悄悄偷走了天帝的神秘宝物——息壤。息壤是一种土,但这种土能够不断复制。如果把它扒拉到水里,就能自动生长出陆地。但是,不久后,天帝就发现息壤被盗,非常生气,不仅追回息壤,还令祝融将鲧处死。

不论是大舜下令还是天帝出手,总之鲧死于非命。他的继任者,下一个治水总管,就是大禹,而大禹,正是鲧的儿子。神话说,鲧被祝融处死后,尸体三年不腐不烂。祝融用刀划开他的肚子,从肚子里蹦出一个孩子。这个孩子,就是大禹。

神话往往曲折地反映了现实。鲧的神话中,很可能也有着真实事件的投影。比如神奇的息壤,就是用于农耕的熟土土壤。鲧为了治水,必须用大量泥土。在没有机械,甚至就连铜器都还不普及的前提下,利用最简单的石制、骨制和木制工具,只有历年耕种的熟土才最便于挖掘。

但是,这些熟土被大量用于治水后,必然对农业生产造成重大影响。鲧的这种做法遭到了民众普遍反对,他本人为此付出了性命。

至于大禹在父亲死后三年才从其尸体里钻出来,这很可能说明，大禹是鲧的遗腹子，即鲧死后大禹才出生。当然，中间的间隔不可能是三年，只可能是几个月。

4

有一种说法是，父子两人治水，之所以父亲鲧失败而儿子大禹成功，在于两人的治水方法截然不同：鲧堵水，禹疏水。

大禹接任治水后，带着一大批助手，跋山涉水，四处考察。经过考察，他决定疏通河道，以便让四处漫流的洪水东流入海。为此，他走遍天下，到处发动民众。治水的13年里，他三次经过自己的家门也没时间回去看看。由于和民众一样长期干体力活

许多有河流的地方都流传着大禹的传说，图为嘉陵江支流东河

儿，他大腿上的汗毛都被磨掉了。

13年后，大功告成，洪水缓缓退去，大地又恢复了本来模样，民众终于可以从山丘回到平原，继续原初的生活了。

大禹治水成功，很可能还有另一个不可忽略的条件，那就是到他治水时，运气非常好——中国的气候发生了变化，气温下降，降水减少，洪灾也随之减弱。

要治理遍及南北各地的大洪水，显然不是一个部落或一些部落就能做成的，必须动员和组织当时全社会的力量才有可能。古书上说大禹为了治水，"差地设征"。

差地，就是区分不同的土地；征，就是确定贡赋。意思是说他根据各地土地的优劣向民众征收数额不等的贡赋。

因此，大禹治水的贡献不仅在于治水本身，更在于通过治水，促成了中国历史上第一个国家的诞生。

相传，大禹完成治水后，大舜把天下禅让给了他。大禹把天下划分为九个州，每州设立一名州牧，作为地方长官。这九个州分别是：冀州、兖州、青州、徐州、豫州、雍州、梁州、扬州和荆州。

这九个州的区划，大体是这样的。

冀州。包括今北京、天津、河北、山西大部和河南北部，以及辽宁和内蒙古部分地区。

兖州。兖州在古黄河和古济水之间，大体包括今山东西部、河南东北部和河北东南部。

青州。青州大体以泰山为中心，包括今河北东南部和山东半岛的环渤海地区。

徐州。徐州大体在淮河以北、泰山以南和黄海以西。包括今山东南部、江苏北部和安徽北部。

扬州。扬州大体包括今淮河以南地区、长江中下游地区及岭南地区。

荆州。荆州在扬州以东，南达五岭。大体相当于今湖北和湖南两省及两广北部。

豫州。豫州位于九州中心，故又称中州。大体包括今河南大部，以及山东、安徽、河北、山西各一小部。

梁州。梁州大体包括今陕西汉中、四川盆地以及云南、贵州部分地区。

雍州。雍州大体包括今陕西、宁夏大部及青海、甘肃和新疆、内蒙古部分地区。

大禹下令让九个州牧各自贡献了一些青铜，他用这些青铜铸造了九只鼎，将九州的名山大川和奇异之物都镌刻在鼎上。从那以后，九鼎就成为王权至高无上和国家统一的象征。

不过，大禹时代的国家和后世的国家还有很大区别。从龙山文化时代晚期到夏朝建立之时，中国境内分布着众多聚落，这些聚落大多为其中一个中心聚落所控制，内部等级分化明显，从而形成了一种邦国林立的局面。

古书上说，大禹在涂山大会诸侯时，"执玉帛者万国"，万国固然是夸大之词，但当时的方国的确为数众多。至于大禹和他的夏，很大可能，只对王城周边的一些地区有直接管辖关系。更远的，仅仅把大禹尊为盟主。

第十三章 寻找夏朝

国家是文明社会的概括。

——［德］恩格斯

1

尽管大舜生前已决定大禹做接班人，但大舜死后，大禹并没有马上继位，而是为他守了3年丧。丧礼满，大禹提出应由大舜的儿子商均做帝位继承人。为了表示他的诚意，他甚至一度离开尧都，前往一个叫阳城的地方。

但是，不管大禹的推让是真诚的还是虚伪的，民众都认定他才是最适合的人选。各路诸侯不去尧都朝拜商均，而是前往阳城朝拜大禹。这样，大禹即位，建国号夏后，简称夏。夏朝是中国历史上的第一个朝代，也是中国历史进入国家时代的开端。

大舜的儿子商均，原名义均，因被大舜封在商，故称商均。后来，商国改称虞国，是为上古时代历史悠久的方国之一。虞国的都城，在今河南虞城。

地处江南的浙江绍兴，水网密布的平原上，有一座面积5平方公里的小山，名叫会稽山。

大禹登帝位10年时，带着人马向东方巡视，来到会稽山一带，并在那里召集诸侯开会，其间，大禹不幸病逝，葬在了会稽山下。他的坟称为大禹陵。秦始皇统一天下后东巡时,曾亲自前往祭祀。

大禹生前留下遗言,指定伯益做他的接班人。但是,意想不到的事情发生了:大禹的儿子启继承了帝位。这意味着从大尧开始的禅让制仅仅推行三代之后即宣告结束。从此,中国的帝王之位进入了漫长的世袭制时期。

启登帝位的情况,历来有两种说法:一说大禹虽然指定了伯益,但当时的民众,尤其是有权力的诸侯,认为启更有才能,人品也更好,而伯益辅佐大禹的时间短,资历浅,不能服众。诸侯就像当初不朝拜商均而去朝拜大禹一样,这一次,他们离开伯益去朝拜启。一说启使用武力,打败了伯益,通过流血的方式获得了帝位。

古城绍兴原名会稽,因大禹在此大会诸侯而得名

文明的曙光

总而言之，启结束了禅让时代，开创了世袭时代。

2

因为缺少考古实证，很多年来，西方学者都对中国上古的两个朝代，也就是商朝和夏朝的真实性表示怀疑。

殷墟的发现，完美地提供了商朝真实存在的确凿证据。

与之相比，很多年里，比商朝更早的夏朝，却没有找到考古学的证据支撑。尽管中国古籍里，对夏朝的记载比比皆是。并且，历代学者们皓首穷经，多方论证夏朝的存在，但效果不如人意。因为，这些学者所用的材料都是古籍，而随着时间的迁延，古籍只会越来越少。

1926年，美国哈佛大学人类学系博士李济学成归国，受聘于清华大学。次年，他前往山西夏县西阴村，主持一项考古发掘。这一事件被视为中国人主持考古的发轫。从那以后，考古与古籍开始相辅相成，也就是王国维提出的"二重证据法"，即以地上之文献与地下之文物互相印证。

曾经渺不可寻的夏朝，开始一点一滴地浮出水面。

河南安阳殷墟

3

二里头是河南偃师的一个普通村庄,却因二里头文化而闻名遐迩。

二里头文化得从二里头的发掘说起,而二里头的发掘得从一个叫徐旭生的考古学家说起。

河南唐河人徐旭生,早年留法,是中国历史上第一个中外合作科学考察团——中国西北科学考察团的中方团长。20世纪30年代起,他致力于研究中华上古史。在寻找夏朝遗迹时,他提出应把注意力放到洛阳和嵩山周围,以及汾水下游一带。

事实证明,徐旭生的预言非常准确。

因为与夏朝有直接关系的二里头,就位于洛阳附近。

20世纪50年代末,徐旭生开始了对二里头的考察。1959年,中国科学院考古所对二里头进行首次发掘。以后,对二里头的考古先后进行了很多次,有一系列重大收获。

考古工作者在东西长约2500米、南北宽约1500米的二里头遗址发现了大量器物和遗迹,这些文化遗存的年代上限是距今5000年左右的仰韶文化时期,下限是东汉时期,而遗址的兴盛年代则为距今3000多年前的公元前18世纪到公元前16世纪。这一时间段,属于古籍中所载的夏朝中后期。

二里头出土的器物,包括诸多用于祭祀的礼器。这些礼器,有的用青铜制成,有的用玉制成。其中一些器物上,镶嵌着美丽而珍贵的绿松石。

文明的曙光

二里头也发掘了大量建筑遗迹，这些遗迹包括手工业遗址、墓葬和大型宫殿。

二里头发掘前后发现的一系列与二里头相似的文化遗址被统称为二里头文化。二里头文化集中分布于河南西部、中部，向北延伸到山西中部，向南辐射到湖北北部及陕西商州，向东扩展至河南东部。

很多学者相信，二里头就是夏朝中后期的首都，二里头文化的范围，也就是夏朝统治的主要区域。

20世纪90年代，200多位自然科学和社会科学界的专家，参与了一项重大工程。这项工程叫作夏商周断代工程。工程的主要目的，就是结合自然科学和人文科学，多学科交叉，研究夏、商、周三个朝代的年代学问题。

通俗地讲，就是要划定这三个朝代的时间段。

与古代史学家埋首于古书不同，断代工程涉及的学科超过10个，主要有四大门类，即历史学、考古学、天文学和科技测年。经过多年努力，工程但编制了《夏商周年表》。这个年表已被新版《辞海》采用。年表认定，夏朝的开始是在公元前21世纪中期，具体估计为公元前2070年。

河南二里头遗址出土的青铜酒爵

4

我们刚才说过,二里头遗址主体的年代,是公元前18世纪,是夏朝的中期;那么,二里头肯定不是禹或者启的夏朝初期的都城。

能不能找到夏朝初期的都城呢?

答案是肯定的。

因为,在这之前,考古学家在登封附近有一个重大发现。

也许你没听说过河南登封,但你一定听说过嵩山少林寺。嵩山少林寺就在河南登封境内。

距少林寺20公里的嵩山东南边,是登封下辖的一个镇,叫告成镇。

这里,就是考古学者们认定的夏朝初年的都城——阳城——所在地。

从地图上看,阳城在二里头的东南,二里头加上阳城,再加上二者之间的嵩山,正好处在一条西北向东南倾斜的直线上。这条只有60公里长的直线,地貌却有很大变化:二里头地处平坦的洛阳盆地东缘,向东南,过渡到巍峨的嵩山,再向东南,又由山地过渡到告成一带的丘陵。

具体地讲,阳城遗址位于告成镇王城岗,故而又称王城岗遗址。遗址东傍五渡河,南与箕山隔着颍河遥遥相望,城址选在一块地势比周围高的土岗上。20世纪70年代的发掘中,出土了一块刻有"阳城"的陶片。对照古籍如《竹书纪年》可知,阳城就是大禹的都城。

但是，由于当时并没有找到宫殿之类的建筑，遗址面积也只有区区10000平方米，一些学者表示怀疑。

转机来自世纪之初的断代工程。再次发掘后，在王城岗遗址旁边发现了一个面积达30万平方米的城址，与先前发掘出的小城相对，这里称为大城。从年代上看，大城晚于小城。经过碳-14年代测定法测定，大城的时代与夏朝开始的时间相吻合。据此，王城岗被确认为古籍中所说的夏都阳城。

至于旁边那座小城，有学者认为是大禹的父亲鲧所筑。古籍里，一直流传着一个说法：鲧是第一个修筑城池的人。

学者们做了一个有意思的估算：假如使用上古时代那些简陋的工具，以1000个劳动力的规模投入修筑，要完成王城岗城墙工程，大概需要一年零两个月。

再根据当地农村的实际情况，即每个村落大致能提供50—100个青壮年劳动力。按此计算，要想用一年时间完成这项工程，需要动用大概10—20个聚落的力量。这个数字，恰好与田野调查中发现的登封地区龙山文化晚期的聚落数相差无几。

这一估算说明，为了修筑都城，当时很可能不惜动用了整个"国家"的力量来共同完成。

5

关于大禹，还有一些值得一说的故事。

20世纪20年代，一批学者对中国上古史提出了许多质疑，并认为包括大禹在内的诸多上古人物，要么不存在，要么被后人严重夸大。甚至，有人认为大禹是铸在鼎上的一种动物，相当于蜥蜴。

王国维坚决反对。他认为，中国上古史和全世界都一样，里面有不少神话，但它是和历史结合在一起的。所以尧、舜、禹不是完全子虚乌有的。古籍之外，王国维举了两件青铜器作为证据。

一件是"秦公"青铜簋（guǐ）。簋是一种盛食物的青铜器，大口，束颈，有一个圆形的底座，有的还带有盖子，两耳或四耳。在祭祀和宴会时，与鼎一起配合使用。

"秦公"青铜簋据传于1921年出土于甘肃天水，是春秋时秦国国君所铸。簋上有105字的铭文，其中提到了大禹："鼏（mì）宅禹迹"。

另一件是叔夷镈（bó）。叔夷镈又称齐侯镈钟，是春秋时齐国国君所铸。镈钟是一种表面刻有图案的乐器。叔夷镈出土于北宋末的1123年，器物已失传，但上面的铭文记载了下来。铭文中也提到了大禹："处禹之堵"。

在这两件古老的青铜器上发现关于大禹的记载后，又一件更加古老的青铜器，不仅提到了大禹，并且，还详细讲述了他治水的丰功伟绩。

秦公簋

第十三章 寻找夏朝

文明的曙光

那是2002年，保利艺术博物馆从海外购回一件价值连城的青铜器，这就是遂公盨(xǔ)。盨，是一种盛食物的青铜器，同时也充作礼器。略呈方形，圈足，有双耳。遂公，即遂国国君。遂国是西周时分封在今天山东宁阳一带的一个小国，春秋时为齐国所灭。

遂公盨的铭文共有98字，开篇就说，"天命禹敷土，随山浚川"。铭文记载大禹削平山岗，疏导洪水，洪水退后，高处避难的民众纷纷下山，重新定居平原上。他们把大禹看作民之父母，大禹因而成为王者。此外，铭文还通过大禹的故事教诲民众以德行事。

"秦公"青铜簋和叔夷镈距今约2500年，遂公盨距今约2900年，这些来自地下的文物上的记载说明，大禹和他治水的事迹，不是后人毫无根据的编造。

当大禹通过治理洪水建立起夏朝时，意味着中国历史从原始社会向奴隶社会的转型。其时，在埃及，为时500多年的古王国渐渐式微，并向中王国过渡。古王国时期的埃及，兴建了大量金字塔，因而又称为金字塔时期。尼罗河下游，水利灌溉系统不断扩大，埃及人在那里种植大麦和无花果。他们手工业发达，种种迹象表明，已经进入了青铜时代。

在中东的两河

遂公盨

流域，正值苏美尔人建立的乌尔第三王朝。早在6000年前的中国新石器中期，来自山区的苏美尔人进入两河流域并兴旺发达，在近5000年前的黄帝时期或更早，建立了城邦国家。

东西方文明，在蓝星球的不同角落闪闪发光，交相辉映。

第十四章　失国与复国

惟不敬厥德，乃早坠厥命。

——《尚书》

1

从大禹时代到今天，时间已过去了4100年左右。4100多年里，统治这个国家的君主——不论是之前的帝、后（夏朝君主很多时候称为后）、王还是后来的皇帝，其名讳、世系、传承，乃至他在位期间的大事，几乎都能通过浩如烟海的典籍复盘。

如前所述，大禹死后，他的儿子启破坏禅让制，继承了帝位。启的做法，招致了有扈氏的不满。当启在钧台大会诸侯，举行盛大宴会时，有扈氏用拒绝出席的方式以示反抗。

启要让诸侯归服，就必须对不买账的有扈氏动手。只有打败他，才能杀鸡儆猴。

于是，启下令发兵征讨有扸氏。出兵前，启发布了一道战前动员令，这一动员令记录在古籍《尚书》中。启当众宣布了有扈氏的几大罪状，宣称自己是替上天惩罚他。同时，又要求参战部属奉命行事，恪尽职守。有功的必受奖，违令的将在社坛前处死。

动员令剑拔弩张，显示出王者权力的强大与至高无上。

有扈氏居住在今天西安市鄠（Hù）邑区一带的一个方国，

双方交战的地点就在鄠邑下辖的甘亭。甘亭据说曾有一个迷你小国，叫甘国。那里也是甘姓的起源地。

区区有扈氏的力量，自然无法与夏朝抗衡，很快被打败，有扈氏民众要么被杀死，要么沦为奴隶。从那以后，再也没人敢公然反对启，启的江山算是坐稳了。

启至少有5个儿子。留下了名字的是太康、元康、伯康、中康和武观。启在世时，儿子们为了争夺继承权，发生了一场内乱，史称武观之乱。武观之乱，也拉开了中国历史上帝王家族内讧的序幕。以后几千年里，几乎每一个朝代都会发生这样的内讧。帝王家族的天潢贵胄们，为了争夺至高无上的权力，不惜兄弟相残，骨肉相争。

开初，最有可能被确定为接班人的是太康，但太康不修德行，沉湎享乐。武观虽然是小弟弟，但他自认有才有德，足以取代大哥，蓄意置大哥于死地。事情败露后，启将武观流放到西河。

几年后，武观在西河发动叛乱，一路声势浩大地向都城打来。幸好，启手下的彭伯寿颇能打仗，就由他率兵平叛（彭伯寿并不是姓彭名伯寿，伯是爵位，彭是封地，寿才是他的名字）。寿果然很厉害，迅速击败武观，并将其俘虏。

关于武观的结局，有一种说法是，启本想将他处死，但寿出面求情。启到底还是碍于父子之情，原谅了忤逆的儿子，命他率领残部东迁，在今山东境内建立了一个小国，称为观国。

武观之乱，导致夏朝实力大衰，启的两个儿子元康和伯康也在战乱中丧生。不久，启去世，他的儿子太康即位称后——夏朝君主在位时称为后，死去才称王。不过，司马迁在《史记》里，一律称为帝。

2

太康即位后，把都城从阳城迁到了斟䲣（Zhēnxún）。《竹书纪年》上说："太康居斟䲣，羿亦居之，桀亦居之。"就是说，自从太康迁都斟䲣后，直到夏朝的最后一位统治者桀，都定都于此。

那么，斟䲣在哪里呢？

斟䲣就是前文说过的河南二里头。二里头位于洛阳盆地东部。西高东低的洛阳盆地处于黄土高原的东南缘，同时还是中国第二级阶梯和第三级阶梯的过渡地带。洛河与伊河一南一北，自西向东流淌。这里地势平坦开阔，气候温暖，宜于农耕。盆地周围的山峦，既有与外界沟通的孔道，又可设关建卡，是天然的屏障。

不过，太康并不是一个有作为的君主，甚至连守成之君也称不上，而是一个不折不扣的昏君，并因昏庸而失国。他也是中国历史上第一个因昏庸而失国的君主。

启在位时，花天酒地，耽于享乐。作为启的儿子和储君，太康从小过着娇生惯养的生活。登上帝位后，更是只顾游玩，不理朝政。他酷爱打猎，经常带着大批手下外出，竟然几个月也不回都城。太康的荒唐做法，引起了夏朝广大臣民的强烈不满。这时，一个怀揣野心的人伺机下手了。

这个人叫羿，是一个叫有穷国的方国国君，历史上又称为后羿。在中国古代神话故事里，后羿生活的年代被提前到了大尧时期。据说那时十日并出，神射手后羿一口气射下了九个太阳。但作为历史人物，后羿即使善射，也不可能射下太阳。

有穷国其实就是一个部落或部落联盟，属于东夷族。有穷国和东夷族的主要活动地盘，在今山东境内。后羿趁太康外出打猎之机，率领大批部属赶往斟鄩，守住洛水。等太康兴冲冲地带着猎物回来时，才发现已经没法再渡河进城了。太康就这样窝囊地失去了王位，流亡到一个叫戈的地方。

这件事史称太康失国。太康也是中国历史上第一个在位期间被推翻的君主。

后羿另立启的儿子，也就是太康的四弟中康为君，不过，大权仍掌握在后羿手中。中康时代，发生了一件当时认为非常可怕、现在看来却十分平常的事情，司马迁在《史记》里用了八个字来记录："羲和湎淫，废时乱日。"

司马迁写下的，是中国，也是全世界最早的一次日食记录。

中国神话著作《山海经》里，羲和是个女子，乃帝喾之妻，也是十个太阳的母亲。不过，上古时候，羲和已演变为一种官名。羲和的主要职责就是观测天象，以便根据天象制定历法，指导农时。

但是，中康时期，羲和却严重失职，对一次日食没能提前预告。可以想象，大白天的，一轮明晃晃的太阳被黑影一点一点地吞食，直到完全从天空消失，天地间一片漆黑，鸟雀入林，人们惊恐万状。

在迷信的古人眼里，这是非常不吉利的征兆。联系到夏朝从太康时开始的混乱局面，可以想象，当时的民众一定议论纷纷。

3

中康在位仅数年即去世，真正掌握权柄的后羿又把中康的儿子相推了出来。但时间稍长，后羿对躲在幕后指手画脚并不满意，他还想走到前台，成为真正有名有实的君主。于是，他废相自立，并把相流放。

这件事，史称后羿代夏。

但是，后羿不是一个称职的君王，他也像太康一样沉醉于打猎。自从把相流放到斟灌后，他觉得天下大事已定，是该享乐的时候了。于是，他把国家大事交给心腹寒浞（zhuó）处理，自己只顾打猎游玩。

没想到，表面上对他唯唯诺诺的寒浞早就有了异心。寒浞趁后羿不备，突然发动兵变，杀死后羿，自立为君。

寒浞担心逃亡在外的相是一个潜在的威胁，便派人追杀相。相被杀时，他的妻子侥幸从墙角的狗洞里逃脱。其时，相的妻子肚子里已经有了孩子。不久，她为相生下遗腹子，这就是我们所知道的少康。

少康从小聪明伶俐，等到他年岁稍长，母亲就把他的身世和遭遇一一告诉了他。少康痛哭流涕，发誓要夺回祖先的天下。但是，寒浞很快知道了这个少年的存在，为了斩草除根，他派人到处捉拿少康。

少康只得东奔西逃，流浪江湖。起初，他逃到有仍氏，担任牧正，即负责畜牧事务。后来，他投奔到虞国。虞国就是从前大舜的儿子商均的封国。虞国国君任命他为庖正，负责掌管饮食事务。

流亡中长大成人的少康历尽艰难，这些艰难也刺激着他，鼓舞着他，并最终成就了他。

虞国国君看他把庖正做得很称职，又有夏后的高贵血统，就把女儿许配给他，并划拨给他"田一成""众一旅"。一成就是方圆10里，一旅就是500人。

这点儿微不足道的力量就像一棵幼苗栽进沃土，假以时日，就会长成参天大树。多年以后，少康就依靠它成功复国。

少康的复国行动，分成四步走。

第一步，在"一成一旅"的第一桶金基础上，不断发展自己，壮大自己。他召集那些受到寒浞迫害而流亡在外的夏人，把他们组织起来，有才能的封以官职。

第二步，收拢被东夷人击败的斟灌氏和斟鄩氏的残余部众，并与有鬲（Gé）氏建立同盟。

第三步，史称"布其德，兆其谋"。就是一方面多行德政，以得到更多民众支持。另一方面施展计谋，剪除寒浞的两大帮凶——寒浞的两个儿子浇（Ào）和豷（Yì）。这两人分别是过国和戈国两个方国的国君。

少康的计谋，是派出美女艾到浇身边做了间谍——这是中国历史上有史可查的第一起间谍案;又派儿子杼诱杀了豷。

第四步,眼见自家势力已足够雄厚,少康发动了灭寒浞之战。寒浞战败,自杀未遂,做了少康的俘虏,被处死。

至此,少康费尽周折,终于夺回了祖宗的江山。这一事件,史称少康复国。

4

少康复国后,实施了一系列新举措,从而使夏朝面貌为之一新,史称少康中兴。要言之,被后世史家们记录在案的,有这么几条。

其一,"祀夏配天,不失旧物"。简单地说,就是恢复了一度被废弃或搁置的典章制度。从太康执政到少康复国,时间已过去好几十年,这几十年里,大禹时代的制度多半未认真执行,少康把这些"旧物"重拾起来。这既向天下表明他是大禹的正宗继承人,也有利于凝聚人心。

其二,派儿子无余到江南。这一行动有两层意思。江南的会稽,是大禹的陵墓所在,少康给儿子的任务之一是"奉禹之祀"。这一决定,可视作他"不失旧物"的延续和递进。他要让天下人明白,他是治水英雄大禹的直系后裔,他将继续传承大禹一心为民的"旧物"。另一层意思,则是为了开发江南,拓宽夏朝的疆域。这也是少康给儿子的另一项任务:"既守封禺"。

今天的江南是中国最富庶的地区之一,但在少康时代,却是一片"鼋（yuán）鼍（tuó）与处"的蛮荒之地（鼋是一种类似于鳖的爬行动物；鼍，同鼍，即扬子鳄），这里湖荡星罗棋布，江河纵横交错，当地人断发文身，与中原相比，还处于蒙昧阶段。

无余所建立的方国即越国。无余的后裔中，出了一个有名的人物，即卧薪尝胆的越王勾践。司马迁认为，勾践这种隐忍执着的精神其来有自，那是从他的祖先大禹那里继承来的。

其三，高度重视农业。农业是当时最重要的产业，太康时，由于他本人热爱打猎，对农业生产很不重视，后羿大概也如此。所以，少康必须拨乱反正。

夏朝的统治中心在今天的河南西部和山西南部，相当于《禹贡》中所说的冀州和豫州的各一部分。《禹贡》认为，冀州的土质是中中等，豫州的土质是中上等，并不是九州之中最好的，但征收的贡赋却最高：冀州是上上，豫州是上中。这一细节说明，只有这两个州的农业相对发达，才可能提供更多的赋税。

在二里头遗址中，发掘了不少青铜兵器、礼器和乐器，但没有发现青铜农具。这说明，当时的主要农具仍是源自龙山文化的石器、骨器、角器和蚌器。总体来说，夏朝的农业，以种植业为主（主要种植粟和麦），畜牧业为副（主要养殖猪、狗、鸡、牛、羊、马），渔猎为辅。

少康用一系列改革调整，迎来了夏朝中兴。史称："自少康以后，世服王化，遂宾于王门，献其乐舞。"少康由此成为名副其实的天下共主，除了直接管理夏邑这片土地外，其他各个方国都臣服于他。

少康中兴并不仅仅限于少康在位的20余年，而是维持了包括他在内的连续八代人，时间长达100多年。一直要到孔甲时期，中兴局面才永远地画上了句号。

少康又称杜康，据说，他是酒的发明人（另一个版本是，杜康是黄帝的臣子，酒的发明权归这个杜康）。但从陵阳河出土的5000年前的酒器来说，中国人饮酒的历史显然不是从少康时代才开始的。

古籍中还讲过一个故事，说是大禹手下有一个臣子，名叫仪狄，是他发明了酒。大禹饮酒后觉得非常舒服——他接下来的举动令人意外：大禹渐渐疏远了仪狄，并且再也不饮酒。他告诉左右说，酒喝起来如此舒服，后世必有以酒亡国者。

大禹戒酒的故事说明，酒的发明要比少康早。不过，有一种解释是这样的：仪狄发明的是度数很低的近似于醪糟的水酒，少康发明的是用高粱酿的秫酒。

二里头遗址出土了一只青铜爵，这是中国目前发现的最早的青铜酒器，它从另一个侧面证明，在夏朝，饮酒是一种风尚，也是一种难得的人生乐趣。

第十五章　太阳的毁灭

时日曷丧？予及汝皆亡！

——《尚书》

1

改朝换代的大戏以一场著名的演讲拉开了帷幕。

时间是公元前1600年，地点在鸣条，即今天的山西夏县境内，主角名叫子天乙。

子天乙集合部众，登台演讲。演讲的内容记录在《尚书》和《史记》等古籍里。他说：

> 格尔众庶，悉听朕言。非台小子敢行称乱！有夏多罪，天命殛之。今尔有众，汝曰："我后不恤我众，舍我穑事，而割正夏？"予惟闻汝众言，夏氏有罪，予畏上帝，不敢不正。今汝其曰："夏罪其如台？"夏王率遏众力，率割夏邑。有众率怠弗协，曰："时日曷丧，予及汝皆亡。"夏德若兹，今朕必往。尔尚辅予一人，致天之罚，予其大赉汝！尔无不信，朕不食言。尔不从誓言，予则孥戮汝，罔有攸赦。

翻译成白话，大意是这样的。

文明的曙光

来吧！诸位，都来听我说。不是小子我敢行作乱！而是夏后犯下太多罪过，上天命令我去讨伐他。也许你们会问："君王为什么不怜悯我们，让我们荒废农事，去征伐夏国？"我虽然理解你们，但是，夏后有罪，我畏惧上帝，不敢不去征伐！也许你们还会问："夏后的罪行究竟怎么样呢？"夏后滥用民力，以致民力殆尽。民众早就和他离心离德了。他们说："这个太阳什么时候消失呢？我们愿意同你一起灭亡。"夏后的品德如此之坏，我一定要去讨伐他。你们要辅佐我，执行上天对夏后的惩罚。我将重重地赏赐你们！你们不要不相信，我不会说假话。如果你们不遵守誓言，我就把你们降为奴隶，或者杀死你们，绝不会赦免。

子天乙的演讲，让人想起当年启在讨伐有扈氏时的战前动员。他们同样义正词严，宣称对方违背天道，自己则是替天行道。其次是对部众恩威并施，要求部众拼死效力。

子天乙要讨伐的夏后，便是夏朝的最后一个君主，名叫姒履癸。历史上，此人以另一个称号为我们所熟知：桀，又称夏桀。

桀是姒履癸死后的谥号。所谓谥号，就是对死去的帝王、妃后、诸侯、大臣以及其他地位很高的人，按其生平事迹进行评定后，给予或褒或贬的称号。

桀是什么意思呢？《康熙字典》的解释："贼人多杀曰桀。"这显然是一个带有十足贬义的谥号，同时也基本符合姒履癸平生的所作所为。

2

姒履癸即位时，夏朝的衰落由来已久。

这种衰落，始自姒履癸的曾祖父孔甲。司马迁说："自孔甲以来而诸侯多畔夏，桀不务德而武伤百姓。百姓不堪。"意思是说，从孔甲时代起，诸侯就有不少背叛而去的，桀却不以为然，反而滥用民力，使得老百姓不堪其苦。

作为夏朝史上的一个转折人物，学者用九个字概括了孔甲的昏庸与荒唐。这九个字是：方鬼神，事淫乱，食龙肉。

方鬼神。方是违背的意思。在我们今天看来，对鬼神的信仰和祭祀，是一种愚昧的迷信行为。但在上古时代，对鬼神却必须保持毕恭毕敬的态度，而且得按时间，按规格进行祭祀，这属于当时极为重要的精神生活。孔甲不敬鬼神，不守礼仪，自然不是为了破除迷信，而是自负或疏于礼仪，这便引发了民众不满。民众遇到自然灾害，很自然地就会把原因归结于君王"方鬼神"。

事淫乱。这个好理解，就是过着荒淫的生活。

食龙肉。即便到了夏商周时代，仍然有不少神话掺杂在史事中。孔甲食龙肉就是其中之一。据说，有一年，有两条龙飞到孔甲宫殿里来，孔甲让一个叫刘累的人把它们饲养起来。不久，其中一条龙死了，刘累把龙肉做成食物，送给孔甲吃。孔甲吃了，觉得十分鲜美，向刘累提出还要吃。刘累害怕了，因为龙只有两条，以后孔甲天天要吃，到哪里去给他找呢？只好连夜逃跑。

如果说孔甲只是小折腾的话，那么他的曾孙姒履癸就是大折腾。他终于成功地把祖宗打下的江山折腾没了。

姒履癸颜值很高，身材高大，体格强壮，力气大得能手缚豺狼，跑起来能追上奔驰的马匹。更为难得的是，他天姿聪慧，机灵过人。可惜，他的才能却没用在正道上，所作所为多是倒行逆施。

所有昏君都有一个共同点，那就是对享乐永无餍足的追求。

姒履癸的后宫，《管子》认为"女乐三万人"，这一数字，很可能有所夸张，但美女如云却是一定的。众多嫔妃中，姒履癸最宠爱的一个叫妹（mò）喜。

姒履癸修建了当时最华丽的宫殿，宫殿里，到处摆满了各种动物的肉，又开凿了一个池子，池子大得可以行船。不过，池里盛的不是水，而是美酒。每一次宴会，参加者达几千人，鼓乐声中，众人一齐奔到酒池边狂饮。有的人喝醉了，失足掉进酒池被淹死。

姒履癸的做派引起了一些忠于夏朝的臣子的担忧，关龙逄（páng）即其中一个。他向姒履癸提出委婉的批评，希望他施行仁政。但关龙逄的批评不仅没能让姒履癸悬崖勒马，反而搭上了自己的性命。

关龙逄成为中国历史上第一个因进谏君王而牺牲的忠臣。在今天河南长垣市龙相村，曾有一座大墓，据说就是关龙逄的葬身之地。

尽管下面都是反对的声音，姒履癸却相信他的统治固若金汤。他得意扬扬地自比为太阳，说："天之有日，犹吾之有民。日有亡哉？日亡吾亦亡矣。"意思是说，天上有太阳，就像我有百姓一样。太阳会灭亡吗？太阳灭亡了我才会灭亡。

姒履癸这番话流传到民间后，民众纷纷回应说："时日曷丧？予及汝皆亡！"意思是说，你这个太阳什么时候灭亡呢？我愿意和你同归于尽啊。

3

当姒履癸代表的夏朝日益沉沦时，在夏朝的东方，一个方国正在崛起。

这个方国就是商。

其时，商的首领是子天乙，也就是我们所熟知的成汤，又称商汤。子是姓，天乙是名。

据说，成汤最初的领地只有区区方圆70里。史家们认为，他之所以能滚雪球般以方圆70里土地为基础越做越大，并最终取代夏朝，在于他的仁德。

有两个小故事，讲述的就是成汤如何仁德。

故事之一。猎人捕鸟，在四面都布下了罗网，并祈祷说，从四面八方飞来的鸟啊，都统统落入我的罗网中吧。

成汤见了，上前对猎人说，你这样做太过分了，不能够一网打尽。

猎人反问成汤该如何做才对，成汤就告诉他，应该去掉三面网，只留下一面就行。

这件事传开之后，人们都说，成汤对天上的飞鸟尚且如此仁慈，何况对人呢？于是，成汤获得了民意的广泛支持。

故事之二。有一年，旱灾严重，大地干裂，庄稼枯死，成汤组织了一场祈雨活动。他把自己作为祭品供奉在火堆上，就在即将点火之际，突然大雨倾盆，成汤才侥幸没作为献给上天的祭品而被烧死。

这两个故事到底是真实地发生过，还是后代史家的附会，其实已经很难弄清楚了。不过，在成汤的苦心经营下，他的领地不断扩大，支持率也越来越高，这是不争的事实。以后，他先后发动了11次战争，每一次都取得了胜利。

这11次战争，讨伐的对象都是忠实于夏朝的方国。第一个被

成汤墓

他灭掉的是葛国。成汤灭葛后，姒履癸非常生气，并感觉到正在崛起的商有可能是自己的大麻烦，于是就派人把成汤召到夏都。

那时，商虽然不断壮大，但仍不是夏的对手，成汤只得乖乖来到夏都，被投进监狱。

成汤手下有两个最重要的大臣，即伊尹和仲虺（huǐ）。两人急忙组织营救，他们搜集了大量珍宝和美女献给姒履癸，并向他保证，成汤没有任何异心。贪财好色的姒履癸收下礼物，也就失去了对成汤的警惕，终于把他放了回去。姒履癸手下曾提醒他不要放虎归山，姒履癸却自信地说，他要是再敢作乱，再把他抓起来就行了。

然而，后来的事实证明，姒履癸过高地估计了自己，也过低地估计了对手。

成汤一步步剪除了夏朝的羽翼，先后消灭了韦、顾和昆吾等国。此消彼长，夏一天天地弱下去，商一天天地强起来。

4

不过，夏毕竟是大国，百足之虫，死而不僵。在对夏发动最终的决战前，成汤进行了一次试探。

这一年，他中止了每年必须向夏缴纳的贡品。姒履癸很生气，立即令九夷的军队伐商。成汤见九夷还听命于夏，知道灭夏时机还未成熟，赶紧向姒履癸示弱认错，补交贡品。

第二年，成汤又故技重施，再次拒交贡品。这一次，姒履癸也令九夷伐商，九夷却不再听从。成汤明白，灭夏时机已到，于是发兵攻向夏都。

姒履癸在鸣条一战中被重创，带领少数心腹逃往南巢。此时，他十分后悔——不是后悔荒淫无道失国，而是后悔不该把成汤从狱中放走。后来，姒履癸在南巢郁郁而终。

有意思的是，夏朝的开始和结束都有一场著名的演讲。开始时，是启征讨有扈氏，登台演讲，史称"甘誓"；结束时，是成汤征讨姒履癸，同样登台演讲，史称"汤誓"。

两次演讲之间的时间间隔长达500年。

不过，两位王朝肇兴时期的演讲者，同样意气风发，同样坚定地认为天意与民心都在自己这一边，因此他们的征战必然胜利。

成汤对他本人有一个自我评价，三个字：吾甚武。所以，后世也常将他称为商武王。

成汤灭夏建商后，有一系列重大举措，司马迁将它记载于《史记》："改正朔，易服色，尚白，朝会以昼。"

所谓正朔，就是历法的第一天。夏朝时一年称为一岁，每岁以正月为首，以正月初一为一年的开端；成汤改一年为一祀，每祀以十二月为首，以十二月初一为一祀的开端。从那以后，正朔也就引申为一个王朝的象征，改正朔就意味着改朝换代。

易服色。夏朝崇尚黑色，王公贵族的衣服都以黑色为尊，成汤把黑改为白，以白色为尊。

朝会以昼。夏朝时，夏后总是在晚上接见臣子，商谈国是；成汤改在白天。

除此之外，成汤还将当年大禹所铸的九只巨型青铜鼎，从夏都搬到了商都。九鼎一向被看作国家和王权的象征。从那以后，鼎革、鼎移也成为改朝换代的代名词。

与夏朝相比，商朝的疆域大幅度扩张。夏朝时，其势力以伊洛为中心，东至大海，北抵燕山南麓，南达长江淮河一线，西到黄河。

商朝时，其统治地区分为畿内和畿外。畿内即商王直接统治区，畿外则是众多臣服于商的方国和部族。其势力范围，以河南为中心，东及大海，北至辽宁，南达江淮，西北深入山西及渭水流域。

《诗经·殷武》中，有几句歌颂成汤的诗这样说：

> 昔有成汤（从前成汤建立商朝），
> 自彼氐羌（哪怕最边远的氐族和羌族），
> 莫敢不来享（没有谁敢不来献上贡物），
> 莫敢不来王（没有谁敢不来朝拜商王）。

第十六章　玄鸟生商与伊尹治国

天命玄鸟,降而生商。

——《诗经》

1

哪怕你居住在数百万人口的大都市,你多半也有机会看到燕子。

郑振铎有一篇写燕子的短文,被选入小学三年级的语文课本:一身乌黑的羽毛,一对轻快有力的翅膀,加上剪刀似的尾巴,凑成了那样可爱的活泼的小燕子。

所有飞鸟中,燕子是与人类关系最为密切的一种。春暖花开的三月,燕子从南方飞回来,在屋檐下衔枝筑巢,生儿育女,它们清脆的叫声,能让人感受到春天的勃勃生机。

上古先民早就对燕子司空见惯,他们把它叫作玄鸟。玄就是黑色,玄鸟,就是黑色的鸟。

黄帝的曾孙帝喾时代,有一个部落叫有娀(sōng)氏,生活在今天的山西永济一带。族中,有一个女子,名叫简狄。成年后,嫁与帝喾,是帝喾的次妃。有一天,她和其他两人一起在野外洗浴,一只燕子飞过,并在她身旁生下一枚蛋。简狄把燕子蛋捡起来吃了。不久,她就怀了孕,生下一个男婴,取名叫契。

契长大成人后，正值大禹治水时期，他辅佐大禹，是大禹的重要助手之一。那时，大舜还没把江山禅让给大禹。他为了表彰契的功绩，把契封到商，并赐姓子。商这个地方在哪里呢？据王国维考证，就是今天的河南商丘。

这个故事，称为玄鸟生商。

从血缘上说，契是黄帝的五世孙，他与周人的祖先、掌管农业的后稷和明君大尧都是同父异母的兄弟。因此，商人也是黄帝后裔。

2

我们今天把从事贸易的人称为商人。现代语境里的商人，与历史上的商人，有没有关系呢？

答案是有的。

契被封到商后，他的子孙就在商地繁衍生息。契的孙子叫相土，相土为商君时，夏朝发生了太康失国等一系列重大事件，他趁机扩展地盘，势力向东延伸到山东境内。

相土有一项极为重要的功劳：后人认为，他是马的最早使用者。也就是说，他驯服了马，让马从此成为3000多年里人类最重要的工具之一。《诗经》里歌颂他说，"相土烈烈，海外有截"。意思是说相土功劳显赫，海外诸侯都听命于他。

契的另一个后裔王亥，也有一项重大贡献：他被认为是第一个使用牛，并发明牛车的人。

马和牛的使用，是人类历史进程中的大事。从那以后，骑马成为人类远行最可靠的方式，牛则成为农耕及短途运输的有力保障。

马和牛的使用，也带来了农业的繁荣。农业的繁荣，使得商地有了大批剩余产品。商人把这些吃不完用不完的产品装进牛车里，运到其他部落，进行以物易物的交易。

当其他部落的人远远地看到载着诸多物品的牛车缓缓驶过来时，就知道是商人来了。商人就从对商地民众的称呼，变成了对从事交换的人的称呼。

久而久之，人们就把从事贸易活动的人称为商人，把用于交换的物品称为商品，把商人从事的职业称为商业。

王亥经常到各地进行商品交换，最终也因商品而丢了性命。

有一年，他和一些族人赶着牛车到了河北，那里是有易氏的地盘。有易氏的部落首领绵臣见财起意，杀害了王亥和随行人员，夺走了商品及牛车。只有王亥的弟弟王恒侥幸跑脱，星夜兼程逃回商丘。

所以，算起来，王亥是中国历史上第一个留下了名字的商人。

3

如果你仔细看古籍中记载的历代商王的名字，一定会觉得很奇怪：自从上甲开始，每一代商王的名字中，都有天干当中的一个字，如太乙、太丁、仲壬、太甲、沃丁、祖乙、祖辛、武乙、帝辛……这中间有没有隐藏着什么秘密呢？

天干和地支，我们前面已有涉及，现在讲仔细一些。

在我国西南部的贵州，有一些用动物命名的地名，如猴场、鼠街、牛街、羊场、猪街、猫场、马场。用这些动物名字，是说这些场镇以出产这种动物而著称吗？

并非如此。

你一定听说过，在我国民间，有十二生肖的说法，比如你属龙，他属虎，她属蛇。这所谓的属相，就是十二生肖。十二生肖从头至尾，分别是鼠、牛、虎、兔、龙、蛇、马、羊、猴、鸡、狗、猪；与十二生肖相对应的是十二地支，也就是子、丑、寅、卯、辰、巳、午、未、申、酉、戌、亥。

贵州地区动物命名的场镇，其实是明清时的人们在这些场镇兴起之后，为了区别它们不同的赶集日而取的。比如鼠场，它的赶集日在逢子的日子；牛街，它的赶集日在逢丑的日子。

比较好玩儿的是猫场。众所周知，十二生肖中并没有猫，那是因为人们畏惧虎，因而用猫替代了虎。猫场其实是虎场，应该在逢寅的日子赶集。

与十二地支相对的，就是十天干，也就是甲、乙、丙、丁、戊、己、庚、辛、壬、癸。古人把天干和地支配合，就形成了具有中国特色的干支纪年法。从甲子开始，到癸亥结束，一轮甲子有60年。每满60年，又从甲子开始，如此循环往复。

我们说一个人花甲之年，就是指他已经60岁，刚好一轮甲子。天干纪年法的起始，有人说起于黄帝时代，但事实上，真正的起始在西汉。

少年中国史：我们的故事·一
文明的曙光

在西汉之前，比如商朝，中国人计算日子时，常用的是天干纪日，也就是从甲开始，到癸结束，每十天一个轮回。基于此，有学者认为，商代诸王中的天干字，是指其出生日期。比如上甲，他生在逢甲的那一天；武丁，他生在逢丁的那一天。

4

从契到成汤灭夏之前，商的实力虽逐渐从弱到强，但始终还是臣服于夏的一个方国。这中间，一共经历了14代。这14代商王的历史，称为先公时代。14代人的厚积薄发，再加上成汤卓越的个人能力，甚至还要加上姒履癸的昏庸残暴，终于使商灭夏，商也因而成为中国历史上的第二个王朝。

为建立商朝立下汗马功劳的人中，有一个人值得特别一说，他就是前面提到过的伊尹。

伊尹的人生充满传奇色彩，包括他的出生，后代流传着这样一个故事。

夏朝时，有一个小国叫有莘国。有莘国栽桑养蚕很普及，妇女们经常挎着竹篮到田间地头采桑叶。

有一天，一个姑娘在采桑时，忽然听到从桑林深处传来一阵婴儿的啼哭。她急忙走过去察看，发现一株很大的老桑树，树干上有一个大洞，洞里躺着一个白白胖胖的婴儿，正在大哭不止。

姑娘看看四周，杳无人影。她很诧异，就把那婴儿从树洞里抱出来，送到了有莘国国君那里。

国君一面令御膳房的厨子把婴儿带回家抚养,一面令人打听婴儿的来历。不久,出去打听的人得到了婴儿的有关情况。

原来,在河南伊水之滨,有一个女子怀了孕,一天晚上,神出现在她的梦中并告诉她说:"舂米舂出了水就向东边走,千万不要回头看。"女子觉得很奇怪,也不知道是什么意思。

第二天,她舂米的时候,果然舂出了水,她想起神的告诫,急忙把这事告诉家人和邻居,一起往东边跑。邻居中有的人信了她的话,就跟着她跑;也有些人认为这是无稽之谈,根本不相信。

一行人向东跑了十来里路,怀孕女子最终还是忍不住回过头去看了一眼,只见洪水滔天,她的家已经淹没在了大水中。怀孕女子吓得大声叫喊,却不能发出任何声音。

那是由于她没有记住神的警告,回头望了一眼,于是,她在一瞬间变成了一株空心的桑树,屹立在洪水中。洪水过后,当那位姑娘来采桑时,便发现了空心桑树里的婴儿。

由于孩子出生在伊水边,后来他成年后又做过称为"尹"的官,后世便把他称作伊尹。

当然,这只是一个故事。故事的核心指向,和踩巨人脚印怀孕以及吞燕子蛋生孩子一样,都是上古时母系氏族社会的遗传,人们只知其母而不知其父。

真实情况是,伊尹姒姓,伊氏,名挚,所以,他的准确称呼应该是姒挚。

姒挚虽然和夏朝君主同姓,但出身十分卑微——连老爹是谁都不知道,由厨子做了他的养父。他成长期间,耳濡目染,也成

文明的曙光

了远近有名的厨师。成年后，他被有莘国国君请到宫里做了御厨。

姒挚长相十分奇特，他脸庞黝黑，淡眉毛，没有胡须，身材矮小，总之就是非常不起眼的样子。

这一年，商王成汤到东方巡游，他听说有莘王的女儿美丽而贤惠，就派人向有莘国国君提亲。有莘国国君知道成汤是个雄才大略的君主，很高兴地答应了这门亲事。

胸怀大志的姒挚也知道成汤是个有作为的人，早就想投奔他，只是没有门路。现在，有莘国国君和成汤联姻，他便向有莘国国君提出，愿意作为陪嫁前往商国。有莘国国君对姒挚并不重视，便答应了。

在成汤那里，姒挚最初是一个厨师。为了引起成汤的重视，姒挚使出他的十八般技艺，烹调出最美味的佳肴为成汤服务。

终于，一次宴会上，姒挚的厨艺让成汤和其他客人都非常满意，成汤一高兴，就接见了他。姒挚抓住这个难得的表现机会，在成汤面前侃侃而谈，从美食材料、烹饪方法一直说到了治国之道。

成汤越听越发现这个青年厨师很能干而且有才气，与御膳房的其他厨师完全不一样。不过，成汤并没有给他分派更重要的工作，依然让他做厨师。

过了段时间，姒挚看到成汤没有重用自己的迹象，心里很委屈，就来了个不辞而别，离开商前往夏。

当时夏后正是昏君夏桀。伊尹到了夏都后，夏桀让他做了御膳房的小官，比做成汤的厨师，地位稍有提高，本质却没有变。

姒挚思前想后，认定追随夏桀没有前途，还不如趁早回到成汤那里去。于是，姒挚又一次不辞而别，离开夏桀，重又投奔成汤。

这时候，成汤已经知道他是个贤才，于是对他委以重任。

在姒挚的辅佐下，成汤成功地推翻夏朝，建立商朝。姒挚被成汤倚为左膀右臂，把他封为尹。那么，尹是个什么样的职务或者说官位呢？

尹本来是古汉语里对官的通称，在古文字里，尹是一个象形字，像是一只手拄着拐杖，象征长老和有权力者。按后世史学家对姒挚所任之尹的解释，相当于百官之长兼帝师。所以，这是除了商王成汤以外，最尊崇、最有权力的职务。

成功地辅佐成汤灭夏建商后，姒挚——现在该称他伊尹了——已经功成名就，但他的故事远没有结束。

5

《诗经》是我国最早的一部诗歌总集，其中，有一个组成部分叫"商颂"。"商颂"收有诗歌五首，是商朝及周朝时宋国（宋国国君系商王后裔）的作品。

这五首诗中，有一首名叫《长发》，它追述了商人的历史，据考证，是祭祀商族列祖列宗时的乐曲舞辞。

诗中，第一章写商人起源；第二章写契和相土的功绩；第三到第六章写成汤建国；最后一章，写商汤的大臣伊尹——把伊尹摆到了和商人先公以及成汤同等重要的地位进行祭祀，这在其他任何朝代，都是不可想象的事情。

因为，伊尹功劳再大，他也只是臣子。

这只能说明两点：其一，上古时代，君臣之间不像后世那样有着不可逾越的鸿沟；其二，伊尹的确功高日月。同时，他还赢得了以后历代商王发自内心的崇敬。在他们心中，他享有和祖先一样神圣的地位。

这得从成汤死后说起。

商朝有两大特点：其一，比较严格地执行一夫一妻制，哪怕商王也是如此；其二，王位继承实行兄终弟及。成汤死后，按理，应由他的弟弟来继承王位，但成汤似乎没有兄弟。这样，王位就该由他的嫡长子太丁继承。但是，太丁早在成汤之前就去世了。王位于是轮到了太丁的弟弟外丙。

外丙在位三年去世了，于是由外丙的弟弟中壬即位。中壬在位两年，又去世了。他的下面，已经没有弟弟（或者没有活着的弟弟了），这样，王位又轮回到太丁的一支，由太丁的儿子，也就是成汤的嫡长孙太甲为商王。

从成汤之后的外丙到中壬再到太甲，商朝的头号重臣一直是伊尹。太甲既是成汤嫡长孙，也是一个聪慧青年，伊尹对他寄托了厚望。

为了让年轻的太甲成为一代名君，伊尹可谓用心良苦，他先后写了《伊训》等三篇文章，为他介绍成汤的法度，讲述政教得失。

开初两年，太甲还算虚心接受，表现尚可。但到了第三年，太甲却暴露出了一个纨绔子弟的本性——或者更严重地说，表现出了昏君的苗头。他不遵守祖父成汤立下的法度，为人暴虐残忍。

这时，伊尹展现出他作为四朝元老的绝对权威，这权威甚至超过了原本高高在上的王权——他流放了太甲。

6

在河南偃师市东北，有一座高大的陵墓。据说，黄土之下安葬的就是商朝的建立者成汤。他静静地躺在地下，已经有3600多年了。

距离成汤陵十多公里的西南方，如今是人来人往的偃师城区。巧合的是，早在3600多年前，这里就是人来人往的城区。原来，成汤灭夏后，把商朝的都城设在了这里，史称西亳。

伊尹眼看太甲越来越不走正道，于是，在太甲做商王的第三

河南偃师，二里头夏都遗址和西亳商都遗址都在这片原野上

个年头，废去其王位之后，把他流放到一个叫桐宫的地方。桐宫，也就是埋葬成汤的陵园。至于商朝的国事，就由伊尹代理商王，由他处理。

在祖父的陵园里，太甲生活了整整三年。这三年中，他不断反省自己，终于认识到了以往的过失，并下定决心痛改前非。

伊尹随时关注太甲的情况，当他看到太甲已经真心悔过，便把他从桐宫接回王城，重又立他为王，并把权力交给他。

第二次登上王位的太甲的所作所为，终于像一个有德明君了。用司马迁的话说，诸侯们都对他心悦诚服，老百姓也过上了安宁的日子。为此，伊尹又写了三篇文章，对太甲的德治表示褒扬。据说——因为这三篇文章早就失传，只能是据说了——我们现在常说的一句俗话，就是伊尹在文章中写的：天作孽，犹可违；自作孽，不可活。

太甲死后，其子沃丁即位。伊尹继续忠心耿耿地辅佐新王。在沃丁为王期间，伊尹去世，享年整整一百岁。沃丁下令，用天子的礼仪规格，隆重地安葬了伊尹。

直到今天，伊尹墓还完整地保存于河南虞城县。

伊尹从成汤开始，一连辅佐了五任商王，可谓居功至伟。并且，他不仅是伟大的政治家，同时还在其他许多方面卓有成就。

比如，他是厨师出身，精于烹饪，提出了五味调和论与火候论，后世的厨师就把他奉为始祖；比如，他精通医药，据说汤药就是他首创的。

第十七章　迁来迁去的首都

殷人屡迁,前八而后五。

——《西京赋》

1

盘庚决心迁都。

然而,他知道这不是一件容易的事。因为上自贵族,下到平民,都不愿意离开熟悉的故土,前往一个陌生的地方。

但盘庚已经打定主意迁都。在他看来,只有迁都,才能扭转商王朝衰败的命运,才能让商王朝重振昔日雄风。

历数列祖列宗——从盘庚时代回望过去,在他之前,已经历了整整18代商王,两百年光阴弹指一挥而过——迁都其实是经常发生的事。

纵观整个商朝,共经历了17代人,先后有31任商王,历时496年,盘庚时代,恰好处于商朝中点。

盘庚从哥哥阳甲手中接过商王王位时,商朝都城在奄,史称奄都。不过,奄都到底在哪里,一直有不同说法。其中最主流的说法认为,奄都在今天的河南商丘境内。

那么,盘庚为什么要迁都呢?

根据有限的文字记载可以推断,主要原因有以下几点。

其一，商朝立国已两百多年，政治趋向腐败，内忧外患四起。内忧，主要是贵族尤其是王室为了争夺王位，常常发生流血事件。盘庚希望另建都城，以此打击盘根错节的贵族势力。

其二，商朝或者说整个商族，原本畜牧见长，农业为短；但到了盘庚时期，农业取得了长足进步，而商丘一带位于黄河以南，由于黄河时常泛滥，不利于农业生产。

政治因素与自然因素叠加在一起，盘庚决定迁都。

迁到哪里呢？那就是黄河以北的殷。

一个新的时代，随着盘庚迁都的规划而孕育，也将随着规划变为现实而诞生。

2

迁都，对于商人来说并不陌生，甚至是一件经常发生的事。

东汉科学家兼文学家、地动仪的发明者张衡在他的《西京赋》里说，"殷人屡迁，前八而后五"。就是说，殷人（即商人）经常迁徙，前八，是指成汤建立商朝之前，也就是先公时代，一共迁了八次；后五，即商朝建立后，一共迁了五次。

我们简单梳理一下商人的迁都史（前八次时其实还算不上都城，只能算商人的中心聚落），《史记》的说法是，自契至汤八迁，与张衡之说吻合。据王国维考证，这八迁分别是：契自亳迁民蕃，昭明自蕃迁砥石，又自砥石迁商，相土自商迁泰山之下又迁于商，上甲微迁于殷再迁商；从成汤开始居于亳。或者说，商朝开国时的王城，就在亳。

那么，亳在哪里呢？像许多上古时的城市一样，历来都有多种说法。其中，以郑州说和偃师说为主。本书采用偃师说。

成汤所居之亳，又称西亳。1983年，河南偃师发现了一座规模庞大的古城遗址。这是一座大体呈长方形的古城，南北长1700米，东西宽1200米，面积达2平方公里多，由外城、内城和宫城三重城垣组成。城内，有多处宫殿建筑，其中的一处宫殿，长宽都在200米左右，相当于城市里一个小区的面积，并有围墙环绕。

宫殿之外，古城内还发现了军事防御设施、祭祀的祠庙、府库和迄今发现的最早的城市园林。经研究，古城被判定为早商时期，因而，它极有可能就是成汤建商时的首都，也就是古籍中所说的西亳。

有意思的是，偃师商城遗址距离另一座著名古城，即相传为夏都的偃师二里头遗址近在咫尺，两者之间仅有几公里。这也让人猜想到，很有可能，在当年消灭夏朝的战争中，二里头夏都惨遭兵火摧残。当成汤成为夏商之争中最后胜出者时，二里头已经失去了再做王城的条件。于是，成汤下令，在二里头十里之外的平原上，新建了商都。

成汤建商前的前八迁之外，还有建商后的后五迁。这五迁分别为：仲丁迁于隞，河亶甲迁于相，祖乙迁于邢，南庚迁于奄，直到盘庚最后迁于殷。

3

成汤定都西亳后,一代代商王前赴后继,到他的六世孙仲丁(又作中丁)即位时,已是第十任商王了,时间过去了两百来年。西亳也是前八后五的多个商朝都城里,持续时间仅次于后来安阳殷墟而居第二位的。

仲丁在位13年,有三件大事被载入史册。

其一是率兵打败了东南方的蓝夷(蓝夷也称夷,是居于今天山东半岛的东夷族的一支,因其喜欢穿用蓝靛染成的蓝色衣服而得名)。蓝夷在仲丁和此后的两任商王的不断打击下,从山东迁往河南、湖北,进而进入湖南,一部演化为瑶族,一部演化为畲族,还有一部融入汉族。

其二是他死后,王室为争夺王位,不断发生流血事件,混乱局面一直持续到阳甲即位,共经历了五代人九位商王,史称九世之乱。

其三是迁都。这也是商朝建立后的首次迁都。

仲丁把王城从西亳迁于隞。

隞,又作嚣。在今天的河南省会郑州。

今天的郑州,有一座商都遗址公园,它就是依托昔日的商朝首都——隞(Áo)都——的遗址建立起来的。

1959年,郭沫若在考察了郑州商城考古工地后,认为它就是仲丁建的隞都。对隞都遗址的考古,起于20世纪50年代,断断续续进行了数十年之久。最终,一座规模宏大的远古王都再现人间。

和西亳相似，隞都也由宫城、内城、外城和护城河等几重结构组成，其外城城墙用夯土筑成，周长近7000米，墙基宽11米，墙顶残宽5米，高10米，再加上城墙之下的护城河，在遥远的冷兵器时代，这样的城池可以说固若金汤。

根据计算，以当时的技术条件而言，要建成这道城垣，需要10000名工人劳动8年。

隞都还有多个第一：所有商朝王都里规模第一、中国历史上第一座有城垣的王都、第一座具有规划布局和注重生态环境的都城等。

河亶（dǎn）甲是第十二世商王，他本是仲丁的弟弟，仲丁死后，由其弟外壬接任，外壬死后，由河亶甲接任。

河亶甲在位期间，商朝已进入了王位争夺的九世之乱，势力日衰，为了扭转乾坤，他一方面继续对蓝夷用兵，企图以此转移国内矛盾，另一方面则迁都。

他把首都迁到了相。相是哪里呢？历来有多种说法，其中最具代表性的是河南内黄说与河南安阳市区说。

但是，由于在内黄一直没有发现相应规模的城池遗址，而在安阳则有相关发现，大多数学者倾向于安阳说。

洹（Huán）水又名安阳河，全长只有150多公里，从安阳市区北部流过，于内黄境内注入卫河。

洹水之北发现的一处遗址，据推测，很可能就是河亶甲新迁的商朝首都——相。因这处遗址位于洹水以北，故而称洹北商城。

洹北商城的考古始于20世纪60年代初期，持续时间长达40年。研究表明，它的年代晚于郑州商城而早于安阳殷墟。

这处中商时期的城池，其面积达4.7平方公里。城池之内，最重要的建筑是一号宫殿，宫殿基址显示，这是一座呈回字形的建筑，东西长140米，南北宽68米。据推测，这可能就是商王召集部众开会议事的地方。

考古过程中，人们发现，几乎所有宫殿区的基址周围都有大量红色的泥土，但接近地面的泥土却是黑色的。这种迹象表明，这些泥土曾经被焚烧过，泥土呈红色是其中含有的金属成分在受热过程中被氧化和还原的不同结果。——据此，可以初步判断，洹北商城很有可能毁灭于一场可怕的大火。

如前面我们讲过的那样，商朝在王位继承上，其原则是兄终弟及，而不是后世的父死子继。太戊的三个儿子，仲丁、外壬、河亶甲先后为商王。河亶甲死后，其下再无更小的兄弟，按理，王位应传承给仲丁的儿子。但事实上，王位却被河亶甲传给了自己的儿子，也就是祖乙。

洹北商都——也就是相——于祖乙初年毁于一场神秘的大火，祖乙只好迁都。相也是诸多商朝王都中历时最短的一个。

有一个更接近于演义的民间故事是这样讲的：祖乙在位时，有人向他报告说，在邢这个地方，发现了一条龙鱼。所谓龙鱼，是一种大型的淡水鱼，鱼身闪烁着一种金属般的光泽，并有金色和红色等鲜艳的色彩，加上比较稀少，因而被古人认为是祥瑞的象征。

邢地发现龙鱼，被认为是大吉大利之兆，因此，祖乙就把王都迁到了邢。邢是什么地方呢？就是今天的河北邢台。

邢台地处太行山东麓和华北平原的交汇地带，地势西高东低，既有山地和丘陵，也有一望无际的大平原。

迁邢之后，原本已衰弱的商朝国力果然有了较大程度的恢复：祖乙征服了蓝夷，稳定了边疆，农业和牧业蒸蒸日上。在他统治的19年里，商朝又一次重现了久违的繁荣。

祖乙死后，后代商王把他与成汤和太甲并称为"三示"（三示的另一说为太甲、太戊、祖乙），也就是三位功勋卓越，足以为后世示范的君王。孟子也把他列入古代贤圣之君行列。《晏子春秋》则说："夫汤、太甲、武丁、祖乙，天下之盛君也。"

祖乙是第十三任商王，又传了四代之后，南庚即位，成为第十七任商王。其时，祖乙迁邢后的繁荣和中兴早已一去不复返，商王朝再次陷入重重危机之中。南庚再次迁都，由邢至奄。

奄的地望在哪里，历来众说纷纭，其中一种说法是山东曲阜。

4

商朝王室中，兄弟俩都做过商王的有多例，兄弟三人都做过商王的，则仅有太戊的三个儿子；而兄弟四人都做过商王的，也仅有祖丁的四个儿子。

南庚是从兄长祖丁手里接过王位的，他死后，王位传回祖

文明的曙光

丁一支，祖丁的四个儿子，即阳甲、盘庚、小辛和小乙相继为王。

阳甲在位数年就病死了，其时的商朝是一个巨大的烂摊子。司马迁总结说："自中丁以来，废嫡而更立诸弟子，弟子或争相代立，比九世乱，于是诸侯莫朝。"

意思是说，自从商王仲丁到阳甲时，因为奉行的是兄终弟及为主、父死子继为辅的王位继承制，各位王子之间为了王位钩心斗角，几乎每一次更替之际，都要发生或大或小的内乱，到此已历九世，商朝威望不再，影响力一落千丈，诸侯都不再来朝拜了。

另一部古籍《尚书正义》则记载说，"自祖乙五世至盘庚，元兄阳甲，宫室奢侈，下民邑居垫隘，水泉泻卤，不可以行政化"。

意思是说，从祖乙以来历五代商王，到盘庚的哥哥阳甲时，以商王为首的贵族修筑了大量豪华的宫室；而老百姓却民不聊生，居住的地方经常被水淹，并且，水中含有大量的盐卤，无法耕种、生活；商王的政令也得不到贯彻执行。

盘庚就是在这种情况下从兄长手中接过王位的。看来，他面临社会和自然两方面的大问题。社会方面，王室内乱，同室操戈，失败者怨恨而死，胜利者穷奢极欲，而老百姓却生活在水深火热之中；自然方面，黄河及其支流不时泛滥成灾，洪水不仅冲毁房屋，还带来含盐量很高的卤水，以致土地盐碱化严重，粮食产量必然随之下降。

盘庚要想扭转乾坤,唯有迁都一途。事实上,迁都,差不多也是商朝每次遇到危机时的标准动作。

不过,尽管贵为商王,也不是想迁都就立即能迁的,盘庚也面临着巨大的压力——大多数贵族不愿意迁都,一部分平民也不愿意迁都。

盘庚不仅是杰出的政治家,而且是非常优秀的演说家。迁都前后,他针对不愿意搬迁的贵族和平民,分别做了三次演讲。演讲的内容,记载于古籍《尚书》中。

盘庚向民众解释了为什么要迁都,迁都有什么好处。尽管迁都最主要的目的,很可能是为了削弱贵族势力,以避免持续上百年的内乱,增加商王的独裁威权,但盘庚当然不会把这些隐秘的想法和盘托出。他在演讲中说,"尔谓朕:'曷震动万民以迁?'肆上帝将复我高祖之德,乱越我家,朕及笃敬恭承民命,用永地于新邑"。

意思是,你们反倒问我:"为什么不惜惊动万民也要迁都?"那是因为天帝要恢复我们祖先的业绩到我们这一代,我必须恭敬地顺应天命来拯救民命,这样才能永远安居在这新的都邑里。

他在这三次演讲中,有鼓励,也有威胁,总而言之,可谓软硬兼施,恩威并行,不达目的绝不罢休。他警告敢于反抗的人,"我乃劓殄灭之,无遗育,无俾易种于兹新邑"。意思是,我将把他杀掉,不留后患,不让一个他们的孽种留在新都之中。

他又安抚那些心怀忐忑的贵族,表示他们若听从他的号令,他将继续任用他们,"人惟求旧,器非求旧,惟新"。

5

1928年秋冬之际，一群学者风尘仆仆地赶到洹水南岸的安阳小屯村。如今，这些学者的名字早就如雷贯耳：董作宾、李济、梁思永……

从1928年到1937年抗战全面爆发前夕的几年间，他们在小屯村的田野上，进行了15次发掘，共计发掘出大墓11座、方坑1个、小型墓和祭祀坑1200多座，以及大量建筑基址。出土甲骨20000片，以及大量陶器、玉器和青铜器。

这15次考古发掘，证明了小屯村一带就是晚商时期的王都，也就是史料中所说的盘庚迁建的殷。人们习惯把这一遗址称为殷墟。如司马迁在《史记》中就说，"洹水南，殷虚（墟）上"。

这是中国历史上第一座文献记载与出土文物可以互为证据的古代都城遗址，它的规模，也远远超过了商朝前期的几座王城。

此外，由于这15次发掘都是由中国学者自己主持独立完成，因而殷墟又被认为是中国现代考古学的发轫之地。

按《竹书纪年》说法，盘庚把都城迁到殷，从那以后，直到商朝灭亡，两百多年间，再无迁都——"自盘庚徙殷，至纣之灭，二百五十三年，更不徙都"。

从地理上说，殷都所在之地，与洹北商都（也就是相都），隔着洹水相望，同属于一块冲积平原。平原四周，洹水、漳水、滏水和卫河穿流而过，土地肥沃，灌溉便利；而冲积平原疏松的土壤宜于耕种，即便只有最简陋的农具也足以耕耘。商人原本以畜牧见长，此时，农业已后来居上，成为商人最重要的产业。

盘庚是第十九任商王，在他身后，还有十一任商王，他大体属于承上启下的一代。经过他的精心治理，商朝渐渐走向中兴，"百姓由宁，殷道复兴"。在他身后几十年，终于出现了商朝自立国以来最为繁荣的盛世景象。

由于两百多年里，殷一直是商朝首都，后世也习惯把商朝称为殷朝，或是称为殷商。

第十八章　武丁与妇好

国之大事，在祀与戎。

——《左传》

1

3200多年前的一个晚上，即位三年多的商王武丁，躺在位于洹水南岸殷都的王宫里，做了一个梦。

他梦见了一个圣人，这个圣人的名字中有一个"说（yuè）"字。他还梦见自己在圣人的辅佐下，实现了中兴商朝的远大理想。

从梦中醒来后，圣人的面容在他的脑海中仍非常清晰。武丁深信，这是上帝或是祖先在提示他。他迫切地想要找到这位梦中的圣人。

第二天起，他仔细观察身边的大臣，但没有一个长得像梦中的圣人。为了找到圣人，他把圣人的长相和含有"说"字的名字告诉众多使者，让他们到全国各地去寻访。

在今天的山西平陆县，有一座镇子叫圣人涧镇。城外的土崖上，有一座山洞叫圣人窟；离圣人窟不远，有一座纪念圣人的庙宇，叫圣人祠。

当年，武丁派出的使者之一，就是在今天的平陆县找到了武丁梦见的那位圣人。

不过，圣人地位十分低下，乃是一个连人身自由也没有的奴隶。使者见到他时，他正在辛辛苦苦地筑墙。他筑墙的那个地方，叫作傅岩。

说本来有名无姓，后来，就以傅岩的傅字做姓，史称傅说；他也是后世傅姓的得姓之祖。

武丁立即将傅说请到殷都，并向他请教治国之道，傅说说得头头是道，武丁听了，龙颜大悦，拜其为相。

傅说起于寒微的故事，后人津津乐道。孟子在他的文章里写道："舜发于畎亩之中，傅说举于版筑之间，胶鬲举于鱼盐之中，管夷吾举于士，孙叔敖举于海，百里奚举于市。"

大舜、傅说、胶鬲（商纣王大臣，与微子、箕子和比干同称贤人）、管夷吾（即管仲，春秋五霸齐桓公的主要辅佐者）、孙叔敖（楚国令尹）、百里奚（秦国大夫）这些彪炳史册的著名人物，他们的出身都极为卑微，早年遭受过诸多磨难。

所以孟子从他们的命运总结出一个道理："天将降大任于是人也，必先苦其心志，劳其筋骨，饿其体肤，空乏其身，行拂乱其所为，所以动心忍性，曾益其所不能。"

——上天要把重任落实到某个人的身上时，必定要先使他的内心痛苦，使他的筋骨劳累；使他的所作所为都受到干扰而不能如意，这样来使他的心灵受到震撼，使他的性情坚韧起来，增加他所不具备的能力。

武丁能够不拘一格地起用一个低贱的奴隶，和他早年的生活经历不无关系。

武丁是盘庚的侄儿。盘庚死后,由其弟小辛接任,小辛死后,更小的一个弟弟小乙接任。小乙就是武丁的父亲。

为了培养武丁,小乙将他送到宫外,与平民一起生活。这样,他从小就深知民间疾苦与稼穑辛劳,与那些生于深宫之中,长于妇人之手的王公贵族截然不同。

两百多年后,商朝已然灭亡,取而代之的是周朝。周公旦在辅佐年幼的周成王时,曾写了一篇文章告诫周成王,要他把武丁作为学习的榜样。文中,周公旦写道:

> 其在高宗,时旧劳于外,爰暨小人;作其即位,乃或亮阴,三年不言;其惟不言,言乃雍;不敢荒宁,嘉靖殷邦,至于小大,无时或怨。肆高宗之享国五十有九年。

大意是:殷王高宗,先前在外吃了不少苦,因而他惠爱普通百姓;等到他继承王位后,沉默而不言,连续三年不论政事,深入民间体察民情,不论政事,偶尔论及国事,却又得到广泛赞同。他从不敢荒废政事和贪图安逸,因此国家治理得很太平,从普通百姓到大臣,没有谁怨恨他。因此,高宗享有王位五十九年。

司马迁也说,武丁上台后,"三年不言,政事决定于冢宰"。关于武丁三年不言,郭沫若解释说是武丁患了失语症,是疾病导致不能言语;又有人认为乃是为父亲守孝三年。这些解释可能都不符合实际情况。前者,武丁并不是完全不说话;后者,为父母守孝三年的规矩形成时期更晚。

三年不言，其实和武丁从父亲手里接过王位有关。

按商朝继承原则，没有兄弟的，父死子继；有兄弟的，兄终弟及。后一种情况里，当最小的兄弟也死去之后，王位应该回传给长兄的儿子。

小乙兄弟四人，先后为商王，小乙是最小的一个。按理，他去世后，应该把王位传给阳甲的儿子。若阳甲无子，则应传给盘庚之子；若盘庚亦无子，则应传给小辛之子。只有阳甲、盘庚和小辛均无子的情况下，他才能把王位传给自己的儿子。但事实上，三个商王均无子的情况基本不可能。

也就是说，小乙违反了祖制，武丁得位不正。更何况，小乙在武丁幼时就把他送出宫外与平民生活，显然是把他作为接班人培养，可以说一开始就不打算遵守祖宗定下的游戏规则。

所以，可以想象的是，武丁初登大位时，一定还有不少反对的声音。那么，武丁最好的办法不是急于施政，而是韬光养晦，不轻易表态，默默观察，熟悉国情。这和后世春秋时楚庄王三年不飞、三年不鸣，然后一飞冲天、一鸣惊人的事迹十分相似。

2

商人尚鬼神，用今天的话来说，就是特别迷信。事实上，史书煞有介事地记载的武丁梦见圣人一事，很有可能也是武丁和傅说共同演的一出双簧——因为傅说的身份实在低微，一下子任命他担任要职，势必引起王公贵族和朝廷大臣的不满乃至强烈反对。因此，武丁借用上帝和祖先的名义，其他人就无话可说。

为了提高傅说的地位，武丁可谓煞费苦心，不仅任命他为相，还向世人宣称：

> ……若金，用汝作砺；若济巨川，用汝作舟楫；若岁大旱，用汝作霖雨。启乃心，沃朕心，若药弗瞑眩，厥疾弗瘳；若跣弗视地，厥足用伤。惟暨乃僚，罔不同心，以匡乃辟。俾率先王，迪我高后，以康兆民……

——好比铜器，要用你做磨石；好比渡大河，要用你做船只；好比遇到大旱，要用你做甘霖。敞开你的心泉来灌溉我的心吧！比如药物不猛烈，疾病就不会好转；比如赤脚而不看路，脚就要受伤。希望你和你的同僚，无人不同心来匡正你的君主，使我依从先王，追随成汤，来安定天下人民。

武丁口中这个极为倚重的"汝"，自然就是傅说。

傅说果然没有让武丁失望。在傅说的辅佐下，武丁修政行德，终于使得"天下咸欢，殷道复兴"。

那么，到底都是些什么样的举措呢？下面我们简要讲几点。

对内，武丁不拘一格任用贤能，并把世俗的王权和精神领域的神权都集中到自己手中。经济上，重视农业生产，改革税收政策，使商王朝实力大增。

对外，发动了对土方和羌人的多次战争，稳定了边疆，拓展了疆域。极盛时,商朝东至大海,西到陕西,北抵辽西,南达江淮——这也是商朝历史上疆域最广阔的时期。

武丁在位长达59年,这在人均寿命只有三十来岁的先秦时期,是一段极为漫长的时间。武丁时代,国力强盛,政治清明,人民安居乐业,后世史家将其誉为"武丁盛世"。

武丁死后,庙号高宗,他的陵墓在河南西华县。西华县距殷墟足有350公里的距离,武丁为什么要葬在离都城这么遥远的地方呢?有一种说法是,武丁晚年,依然像早年那样巡查四方。这一年,西华一带发生了严重的蝗灾,他来西华视察期间,不幸染病而死,因而就葬在了西华。

如果此说属实的话,那也能从另一个侧面看出,盛世的创造者的确是一代明君。

武丁在位时,有一次,他祭祀商朝的创建者,也就是他的老祖宗成汤。第二天,不知道从哪里飞来一只野鸡,跳到鼎耳上大声鸣叫。在商人看来,这显然是不祥之兆,武丁为此感到很害怕。

武丁的长子祖己劝告他说,大王不要担心,这可能是祖宗提醒我们要大力施行善政,把国家治理好吧。

武丁认为儿子说得很对,并对祖己寄托了很大期望。不过,祖己的生母去世较早,继母很不喜欢他,经常在武丁面前说他的坏话。武丁便把祖己流放出宫——或许,武丁也想像昔年他的父亲把他送到乡下一样,让他多受些历练——但是,祖己却没能理解父亲的一片苦心,不久就郁郁而终。

文明的曙光

3

1975年冬天，河南安阳小屯村西北的一片小山岗被当地列入了改田改土的规划。其时，殷墟考古的巨大发现，使得相关部门对小屯村非常关注。次年，在小山岗被平整之前，来自中国社科院考古所的考古专家们来到现场，通过探杆钻探的方式，确定地下有无遗迹和文物。

探杆是一种考古用的工具，由一根长杆和前端的铲子组成，把它打入地下，可以获取地下任意一层的泥土以供化验，从而判断出地下有无古代遗迹。

非常幸运的是，当探杆深入地下8米多深，再一次慢慢提到地面时，人们兴奋地发现，探杆铲子带上来的泥土中，有一些红色漆皮。

这，说明地下有古墓。

司母辛鼎

从那以后，对这座古墓的考古发掘有条不紊地进行，一大批珍贵文物也从黄土下的千年沉睡中重见天日。

这些文物中，有一只青铜鼎，高80.1厘米，宽48厘米，鼎口呈长方形，两耳，平底，四只足上方都有兽面纹，内壁上有三个字的铭文：司母辛。

就是说，这件后来被命名为司母辛方鼎的青铜器，乃是商王为了祭祀他的母亲辛而铸造的。

那么，辛是谁呢？在墓葬中出土的其他青铜器上，有许多青铜器刻着另一个名字：妇好。根据甲骨文及其他史料的记载，辛，就是妇好。这座墓，就命名为妇好墓。

这也是迄今为止唯一一座能将历史文献和甲骨文联系起来，并进而推定具体墓主的商朝墓葬。

4

时光回溯到3200年前。商朝王城殷。庄严肃穆的王宫里悲声四起，商王武丁尤为伤心。因为，年轻的妇好去世了。

妇好并不是姓妇名好。按商人的命名习惯，女子出嫁前在娘家有小名，出嫁后，夫家一般亲昵地称为妇某。这个某，有时是地名，有时是姓。由于妇好有时又写作妇子，而当时有子方这个方国，她很有可能就出自子方。辛，则是妇好的庙号。

庙号起于源商朝。对国家有大功、值得子孙后代永远祭祀的先王，就会追赠庙号。妇好只是王后，也有庙号，可见商人对她的尊崇。周秦时期无庙号，汉朝开始到清朝，两千多年间，庙号一直沿用。我们熟知的唐太宗、宋太祖这些名称就是庙号。

人类社会的婚姻制度，到商朝时已有很大发展。最初，原始人没有婚姻制度，过着群居生活；以后，慢慢演变到氏族内的血亲婚姻，再慢慢演变到氏族与氏族之外的对偶婚。到了商朝，终于形成了一夫一妻制（这也只是主流，或者说对女方才具有约束力，很多男子仍然是一夫多妻）。

据考证，武丁先后有 60 多位妻妾，但作为正妻的，只有三位，而且三位并不同时，这说明商王也基本遵循一夫一妻的原则。妇好，便是武丁的第二任妻子。

很显然，在三位正妻以及其他几十位侧室之中，武丁最宠爱的是妇好，这不仅在于长相和品行，更在于妇好乃是武丁最得力的助手之一。

古人把国家大事归纳为两件，也就是《左传》中所说的"国之大事，在祀与戎"。尽管在《左传》里，其原意是指祀礼与戎礼（即军礼），但后人把它进一步延伸，认为国家最重要的事情就是祭祀和战争。

就商朝来说，情况相当吻合。根据现存史料可以得知，妇好恰好在这两方面都曾是武丁统治前期的重要人物。

妇好墓出土了一把青铜制成的钺。所谓钺，是一种古代兵器，类似于斧头但比斧头更大。妇好墓中出土的这把钺，重达 9000 克，钺上有商代青铜器上常见的老虎食人图纹，并有铭文：妇好。

据此，学者们认为，它就是妇好生前使用过的武器。

一个弱女子挥动 9000 克的冷兵器冲锋陷阵，妇好就以这种形象进入了后人视野。事实上，妇好的确是我国历史上迄今为止有准确史料记载的第一位女军事家。妇好在短短的一生中，曾多次受武丁之命，带领商朝军队南征北战。

武丁时期，商朝主要的敌对势力是处于周边的少数民族，如土方、鬼方、羌方和夷。

甲骨文卜辞里，有不少关于妇好领兵作战的记载，如"登妇好三千，登旅万，乎伐羌""妇好令征夷"。

据不完全统计，妇好先后带兵对商朝北边的土方、东边的夷和西南部的巴方，以及西边的羌方作战，并取得了胜利。其中，在对羌方的一次用兵中，商朝出兵达13000人（其中3000人属于妇好的直属部队），大败羌人。这是甲骨文中记载的发生于商朝的投入兵力最多的一场大战。

妇好墓中，还出土了不少青铜礼器以及刻有卜辞的甲骨，再结合史实可以得知，由于深得武丁信任，妇好还以王后的身份，多次主持祭祀和占卜。这在当时，都属于国家最重要的头等大事。

迄今为止发现的甲骨文卜辞中，和妇好有关的多达200多条。其中有好些条的内容，是武丁为了妇好而卜问——这充分证明了武丁对妇好的关心、宠爱和倚重。

下面我们略举几条。

妇好弗疾齿——妇好不会患上牙病吧？（这说明，上古时，牙病是困扰人们的常见病。这一点，我们在后面还会有讲述。）

妇好祸风有疾——妇好伤了风，不会生病吧？

妇好嚏，唯出疾——妇好打喷嚏了，是不是要生病的预兆？

妇好其来？妇好不其来——妇好来吗？妇好不来吗？（与后世的后妃一般都和君主生活在一起不同，妇好并不经常与武丁在一起，她有自己的封地，平时可能大多时候居住在自己的封地。所以武丁想念她,忍不住要占卜询问鬼神,想知道她什么时候来。)

妇好有子?三月,王占曰:好其有子——妇好怀孕了吗?三月,王占卜的结果是:妇好怀孕了。

妇好娩?王占曰:其隹(唯)甲娩,有祟——妇好要生孩子了吗?王占卜的结果是:如果是甲日那天生的话,就会有危险。

贞妇好娩嘉。王占曰:其唯丁娩,嘉。其唯庚娩,弘吉——想知道妇好生孩子是否顺利。王占卜的结果是:如果在丁日分娩就顺利;如果是庚日分娩,就有危险。

妇好其延有疾——妇好的病还会拖延下去吗?

妇好冎(guǎ),大疾延,岂死——妇好命不好,生了大病且迁延不愈,她会死吗?

从这些卜辞看,尽管妇好是一个能够挥舞重达9000克的铜钺冲锋陷阵的女将,但在没有现代医学技术的上古时代,女人生育仍然是一件非常危险的事。种种迹象表明,妇好有可能因难产而死。她死后,武丁悲痛欲绝,没有按惯例将她葬在王室陵墓区,而是安葬于宫门外不远的地方,大约是想经常到她的坟头去看看,坐坐,想想。

妇好死时33岁,在今天,自然是英年早逝。不过,在商朝,这已超过了人均寿命。当然,与在位长达59年的武丁相比,妇好死得的确太早。

以后,武丁一次次地梦见妇好,并继续占卜,询问亡妻的消息。

王梦妇好——王梦见了妇好。

王梦妇好，不唯孽——王梦见妇好，不会是她遇到什么麻烦了吧？

在有关妇好的卜辞里，武丁一次次地卜问：

贞，妇好有取不——我想问问神灵，妇好出嫁了吗？

妇好明明已经离开人世，武丁怎么会问她出嫁没有呢？这是因为，上古的人们相信，人死后并没有消失，或者说只是肉体消失，她们的灵魂则到了另一个世界，将在那个世界里永久存在。

所以，武丁想知道，她的宠妻离开他之后，在另一个世界是否过得安好，是否有人陪伴。

结果，几次占卜的结果是——妇好嫁给了太甲，嫁给了祖乙，嫁给了成汤。

这三位都是武丁的前辈商王，也是和他有血缘关系的直系祖宗。用我们今天的常识很难理解，武丁的占卜为什么会得出这样离奇的结果——后代的妻子的亡魂，竟然可以用阴婚的方式，分别嫁给三个早已去世多年的祖先。但商人却对此深信不疑，并将结果认真地记录下来，通过甲骨上的文字让我们得以一窥。

第十九章　他成了暴君的代名词

商纣暴虐，鼎迁于周。

——《左传》

1

前面我们讲过，大禹建立夏朝时，令天下九州的九个州牧，各自进贡了一些青铜；然后，他用这些青铜铸造了九只巨大的鼎。鼎上，镌刻着九州的名山大川和奇异之物。从那以后，九鼎就成为王权和国家的象征，显眼地矗立在夏朝王宫之前。

到了夏朝最后一个君主姒履癸，也就是夏桀时代，因其昏庸残暴，被崛起的商族首领子天乙，也就是成汤推翻。成汤成为商朝的第一任君主，作为改朝换代的重要举措之一，他令人把夏朝王宫前的九鼎搬到了商朝王宫前。这是九鼎的第一次"搬家"。

世事无常，几百年过去了，九鼎第二次搬家。这一次，是从今天的河南安阳搬到了陕西西安附近——崛起于陕西的周人，打败了雄踞中原的商人，成为天下之共主。

失位丧生的最后一任商王名叫子受（姓子，名受），又称辛或帝辛；不过，后来的历史上，人们一般都称他为纣王，或商纣王或商纣——按谥法定义，"残义损善曰纣"，也就是为人不义不善。商纣常常与夏朝亡国之君夏桀并称，作为后世昏君暴君的代名词。

不过，从个人素养来说，纣王却是一个非常优秀的人，甚至可以说是一个难得的人才。

《史记》记载说，纣王"资辨捷疾，闻见甚敏；材力过人，手格猛兽"。意思是说，纣王天生聪颖，口才很好，接受能力超强，而且力气很大，能够徒手与猛兽格斗。这样的素质，可以说是文武双全。但是，《史记》接下来却写道："知足以距谏，言足以饰非；矜人臣以能，高天下以声，以为皆出己之下。"

什么意思呢？就是说，纣王的知识很丰富，足以通过诡辩拒绝臣子们的规劝；口才很好，足以通过伶牙俐齿掩饰自己的过错；他依恃才能在大臣面前夸耀，凭着权威抬高自己，认为全天下的人没有一个比得上他。

纣王的做派，令人联想到他的曾祖父武乙。

2

武乙是武丁的孙子。武丁是商朝君临天下最久的君王，时间长达59年。经由他的励精图治，商朝达到了鼎盛时期。然而，水满则溢，月盈则亏，武丁死后，商朝开始走上了一去不复返的下坡路。

武丁死后，他的儿子祖甲即位。司马迁认为，正是从祖甲统治时期开始，商王朝开始衰亡。《国语》也说，"帝甲（祖甲）乱之，七世而殒"。从祖甲到纣王的七代商王，他们全都生于深宫

少年中国史：我们的故事・一
文明的曙光

之中，长于妇人之手，从小衣来伸手饭来张口，既不知稼穑之艰难，更对普通民众缺乏应有的了解和同情。登上王位后，他们胡作非为，过着花天酒地的荒淫生活。

这种生活也让他们付出了健康的代价：他们长的在位十来年，短的在位三四年，大多年纪轻轻就一命呜呼。

至于他们在位时的行为，不论是在当时还是现在看来，都非常荒诞。这里，我们举武乙为例。

武乙是第二十七任商王，根据有限的史料，武乙有几件事给后人留下了较为深刻的印象。

一是他把商都从殷迁到了黄河以北，后来又再迁到朝歌。不过，如果《竹书纪年》所说的自从盘庚迁殷之后到纣王灭国，其间"二百五十三年，更不徙都"的说法准确无误的话，所谓武乙迁都于朝歌，很可能只是在殷之外又修建了一座陪都，或者仅仅只是一座离宫。

二是他醉心于田猎，对政事不太感兴趣。

三是他对鬼神的蔑视。商人尚鬼神，原本对鬼神保持着极为恭敬的态度。武乙却一反常态。他令人制作了一个偶人，把它称为"天神"，然后与"天神"搏斗，"天神"自然打不过他，他就侮辱"天神"。他又制作了一只皮口袋，里面盛满血水，再把它挂在高处，然后用箭射破口袋，使血水从皮口袋里流出来。他把这叫作射天。

这些行为，在我们今天看来，更像是一个孩子的游戏或恶作剧，但在3000多年前的远古时代，却是一桩耸人听闻、令人惊骇的大事——当所有人都坚信有上天和鬼神的存在时，作为商王，原本既是人间王权的主宰，也是精神领域的大祭司，但他却公然侮辱上天和鬼神，这在臣民心中激起的恐惧、忧虑和愤怒也就可想而知了。

当民间因武乙的这些怪诞行为而议论纷纷时，一件事的发生像是验证了上天和鬼神的真实存在。有一天，武乙带队去打猎，荒野上，乌云密布，天色骤变，转瞬间就大雨倾盆，电闪雷鸣。他的随从们恐惧地看到，一道闪电之后，响起一声炸雷，他们的君王应声倒地——武乙就这样成为中国历史上唯一一个被雷劈死的君主。

武乙暴死后，其子太丁为王；太丁死后，其子帝乙接任。到了帝乙之时，用司马迁的话说，"殷益衰"——商朝的国力更加衰弱了，商王对各方国和诸侯的控制更加力不从心。

3

我们前面讲过，商朝在前期和中期的很长时间里，基本实行的是兄终弟及的继承制度。但到了商朝后期，慢慢变成了父死子继，也就是后世的所谓嫡长子制。立嫡不立长，就是说，君主如果有很多个儿子，如果长子不是由嫡妻——民间称为正宫娘娘——所生的，那么，也不能立为太子。必须是嫡妻所生的儿子中最长的那一个，才有继承资格。

帝乙最长的儿子名启，后世称为微子启。微是他的封地，子是他的爵位。因为微子启是帝乙的妾所生，按制度，没资格继承王位。帝乙的正妻生了一个儿子,即帝辛,也就是后来的纣王。

还有一种说法是,微子启和帝辛其实同父同母,只不过,他们的母亲在生微子启时还未扶正,要等到帝辛出生前,才成为正室。原本,帝乙打算立微子启为太子,但太史表示反对,他认为微子启出生时,他的母亲还不是正室,故不符合制度。

作为史上著名的昏君和暴君,上古的各种文献里,对纣王的所作所为有大同小异的记载。

穷兵黩武,四处征伐。尽管商朝国力日衰,但为了维持天下共主的地位,纣王在位期间,仍然多次对东夷和有苏氏等方国和部族用兵。其征战地区,主要在山东和淮河流域。以衰弱的国力,维持多年的战争,商朝的财政更加捉襟见肘。后来,商朝在周的打击下一败涂地,也与其主力在东边和东夷大战而首都防务空虚不无关系。

大兴土木,滥用民力。上古时代,社会力量薄弱,经济基础极差。纣王却无视国弱民贫,在朝歌大兴土木,修建了在当时看来极为奢华的宫室和楼台。朝歌之外,还在沙丘等地兴建离宫苑林,《史记》载:"益广沙丘苑台,多取野兽蜚鸟置其中。"这些离宫规模很大,不仅有亭台楼阁,还有大片森林,里面有各地进献的各种珍禽异兽。

生活腐化,纵情酒色。纣王在沙丘的禁苑里,建有酒池肉林。酒池大得像湖泊,小船能够行驶在酒液上,一次可供3000人同时饮酒。禁苑和宫廷里,有大量从各地征集而来的年轻女子。民间故事里,传说狐狸精化身的美女妲己,就是纣王最为宠爱的一个，纣王对她到了言听计从的地步。狐狸当然不可能变化成精或化身为人，但纣王纵情酒色的说法却从此深入人心。

苛政暴行，凶残无道。为了维持巨大的开销，纣王只好添赋加税，这自然加重了民众的负担。同时，他还削弱了贵族的权力，从而又得罪了贵族集体。当全社会上下都弥漫着对他的不满情绪时，为了镇压反对者的声音，纣王严刑峻法，企图以高压来求得稳定。

纣王的确是一个有创造力的人，可惜他的创造力耗费在了如何发明更残酷的刑罚上。

炮烙是纣王最著名的发明。所谓炮烙，又称炮格，就是把青铜柱架在一堆炭火上，青铜柱上涂抹油脂，下面大火燃烧，青铜柱被烤得通红。可怜的犯人在刀剑逼迫下，赤脚从青铜柱上走过去，犯人受不了青铜的烫烙，掉到炭火中被活活烧死。

纣王常用来惩罚臣民的种种酷刑中，还有两种也很有名。一种是把人杀死后制成肉酱，称为醢（hǎi）；另一种是把人杀死后切成块，晒成肉干，称为脯。这些人肉酱和人肉干，纣王会把它们赏赐给臣民，谁要是不吃，也会落得同样下场。

刚愎自用，不听劝谏。纣王心性聪明，自视很高，因而听不进任何人的劝谏。纣王的叔父比干，以及箕子——箕子的身份，有的说与纣王是同父异母的兄弟，也有的说是纣王的叔父，再加上微子启，这三个人都与纣王有血缘关系，是他的亲人。孔子把这三人尊为三仁，也就是三个仁人。

孔子在《论语·微子》篇中说："微子去之，箕子为之奴，比干谏而死。孔子曰：殷有三仁焉。"

孔子这段话里，记载了这三位商末仁人为了劝谏纣王而做出的努力与牺牲。

微子启劝说纣王，纣王却听不进去。另一个叫祖伊的王公告诉纣王，西边的周人日益强大，已经消灭了邻近的一些小国，恐怕今后会威胁到商。纣王却自负地说，我做君王的命运是上天早就安排好了的，你难道不认为是这样吗？

微子知道再去劝说也是白费，便悄悄地逃出商都，潜藏到民间。

箕子对纣王的认识还要敏锐一些。开初，纣王还不是太过分的时候，箕子就从一件小事情看出来纣王的亡国之兆。

有一年，纣王令人制作了精美的象牙筷子。箕子闻讯，十分担忧。有人不解，他就解释说，用了象牙筷子，必然不能再用土碗土杯，只有犀角玉杯才能相匹配。用了象箸玉杯，就不能再吃普通食物，只有顶级的珍稀食品才相匹配。吃的这么讲究了，穿的、住的还能马虎吗？穿短衣住茅屋当然不行，必须锦衣九重、广室高台才相匹配啊。这样下去，国家迟早会灭亡。

此后，纣王果然更加奢侈骄横，箕子绝望了，他割发装疯，每天弹着琴，唱着悲伤的歌。纣王以为他真的疯了，把他贬为奴隶。

后来，周武王灭商后，曾经专门去拜访箕子，希望箕子在周朝做官，但箕子婉拒了。不久，他带着一些商朝的遗老遗少，从山东半岛扬帆出海，向东抵达朝鲜半岛，把先进的中原文化带到了那里，并建立起一个小国家，史称箕子朝鲜。

箕子在朝鲜建国十几年后，又回到中原朝拜周王，路过商朝

首都的时候,他看到早年的城墙宫室都已经毁坏了,昔日的宫殿里,野生的禾黍欣欣向荣,箕子悲伤难禁,写下了一首诗:

> 麦秀渐渐兮,禾黍油油。
> 彼狡童兮,不与我好兮。

诗中所说的"狡童",就是指不听劝告的纣王。

与微子和箕子相比,比干的遭遇则惨烈得多。

在微子和箕子的劝谏都不能打动纣王的情况下,比干依旧直言进谏,他知道这样做很危险,但他告诉劝止他的人:君王有过错,做臣子的不以死相谏,最终受害的还是老百姓。意思说是,为了老百姓,哪怕冒风险也行。

果然,面对比干的多次批评,纣王终于勃然大怒。他说,我听说圣人的心脏上面有七个小孔,你一直有圣人之称,我倒想看看是不是真的如此。

于是,比干就这样被纣王杀害了,还被残忍地挖出心脏。

从此,再也没有人敢劝纣王了。

纣王的做派,很容易让人联想起伊索寓言中的一个故事。故事说,有一天,一个农夫赶着一头毛驴走在山路上,山路很窄,农夫提醒毛驴别走边上,要靠里面。但那头毛驴很固执,不但不靠里面,反而走得更靠边了。这样反复劝说了好几次,毛驴始终不为所动。最终,毛驴一不小心掉下山崖摔死了。农夫探出头,对着山谷里的毛驴说:你赢了。

第二十章 甲骨文的秘密

> 神谕所说的大帝国,正是您的国家。
> ——德尔菲神殿祭司

1

2018年12月,由世界品牌实验室编制的2018年度"世界品牌500强"揭晓,其中,美国甲骨文公司排名第31位。早在几年前,这家世界百强企业之一就已经超越了IBM,成为仅次于微软的全球第二大软件公司。2018年,甲骨文公司年营业收入377亿美元,相当于中国一个地级市——如四川的绵阳、山东的枣庄或者河南的安阳——很巧,甲骨文的滥觞之地就是河南安阳——的全年GDP。

也许你感到疑惑的是,甲骨文明明是一家美国公司,为什么要取甲骨文这么一个具有强烈中国特色的名字呢?

事情的经过,原来是这样的。

甲骨文公司的创始人叫拉里·埃里森。在创办公司之前,他曾为美国中央情报局开发了一套用来管理情报信息的软件,软件系统的代号叫Oracle,意为神谕。取这个名字的初衷,是希望软件能像神谕一样为中情局指点迷津,获得启示。

后来,拉里·埃里森创办公司时,觉得Oracle这个名字很好，就用来作为公司名和产品品牌名。中文翻译成甲骨文，是因为甲骨文在历史上，就曾经充当过神谕的角色。

2

世界上有许多后来被证明为非常伟大、非常神奇的东西，发现之初，却充满了偶然。比如被称为世界八大奇迹之一的秦始皇兵马俑，就是几个农民在打井时不经意间让它们重见天日的。而关于甲骨文的发现，以往，有一个流传已久的故事，同样说明了发现之初的偶然。

故事说，清朝末年，有一个叫王懿荣的官员，从药铺里抓了一些药回家。他在检查这些药时，发现其中一种叫作龙骨的药片上，竟然刻画有神秘的文字。由是，甲骨文在销声匿迹3000多年以后，终于进入了后人的视野。

不过，也有人认为，这仅仅是一个故事而已。尽管第一个发现甲骨文的人和第一个研究甲骨文的学者，的确是王懿荣，但甲骨文并非他在抓药时的妙手偶得，而是有人将甲骨送到他家里向他请教，具有深厚学养的王懿荣由此极为准确地判断：这是一种此前从未见过的古文字，它的历史，至少可以追溯到周朝或者商朝。

王懿荣初次接触甲骨文，时为1899年，正值风雨飘摇的清朝末叶。次年，惊天动地的义和团事件后，八国联军入侵北京，王懿荣以国子监祭酒的身份，被任命为京城团练大臣。慈禧太后带着光绪皇帝逃走后，王懿荣与夫人及儿媳妇投井自尽。后来，清廷谥为文敏。

也就是说，王懿荣与甲骨文打交道的时间仅仅一年。一年里，这位醉心于金石的官员，到处搜集甲骨，到他去世时，一共搜集到了15000多片。

王懿荣死后，王家因他购买包括甲骨文在内的诸多文物，欠下不少债，其子王崇烈便将所有甲骨卖给了刘鹗。刘鹗就是文学史上大名鼎鼎的《老残游记》的作者。

刘鹗和王懿荣既是山东老乡，也是好朋友。他买下王懿荣收藏的甲骨后，自己也留心搜集，并在罗振玉的帮助下，于1903年出版了《铁云藏龟》。这是甲骨文研究史上的第一部著作。从此以后，甲骨文就由私家收藏流向社会，从古董变成史料。

如果说王懿荣、刘鹗是甲骨文研究的开先河人物的话，那么，对甲骨文研究最深入、最权威的是继之而行的另外四个人。这四个人，因他们的名号中都有一个堂字，因而合称为"甲骨四堂"，即雪堂罗振玉、观堂王国维、彦堂董作宾、鼎堂郭沫若。

3

现在，我们来讲到底什么是甲骨文。权威的《辞海》对甲骨文这一词条的解释是：亦称契文、龟甲文字、殷墟文字。商周时

甲骨文与现行汉字的对比

代刻在龟甲兽骨上的文字。

更进一步讲，甲骨文是一种文字，是一种刻写在特殊材料上的具有特殊含义的文字。

作为中国及东亚已知最早的成体系的古老文字，甲骨文是一种成熟文字。汉字结构和使用方法所具有的六种构成方式，即六书——象形、指事、会意、形声、转注、假借，在甲骨文中都有体现。如果从汉字书法的角度讲，甲骨文具备了用笔、结字和章

第二十章 甲骨文的秘密

法三大要素。

甲骨文书写的材料，或者说它的载体，不是纸张，也不是绢帛或竹简，而是龟甲和兽骨，因而才有"甲骨文"这一贴切的名称。甲是龟甲，其中龟腹甲较多，龟背甲较少；骨是兽骨，主要是牛骨，也有少量马骨、猪骨、鹿骨、虎骨和象骨。所用骨的部位，多半是肩胛骨，也有肋骨和头骨。甚至还有人头骨——人头骨多半是商王的敌人，被商王斩杀后，用来铭文记事。

甲骨文的书写方式，有刻有写。即有的是用小刀在甲骨上直接刻画出文字；有的是用红颜料把字写上去；还有的是先把字写上去，再用刀刻画。

从内容来说，甲骨文绝大多数都是卜辞，有极少量是与占卜有关的记事文字。

商人尚鬼神，《礼记》上说，"殷人尊神，率民以事神，先鬼而后礼"，用今天的话来说，就是商人特别迷信，特别喜欢祭祀和占卜，而甲骨文，正是占卜的副产品。

4

有一天，商王武丁牙痛难耐。

三千多年前，巫医不分。巫医既要沟通鬼神，也要替人看病问疾。

武丁有没有让巫医为他治疗，史料没有记载。不过，可以肯定的是，他很严肃地做了另一件事——占卜。

这在商朝，是一种十分寻常的举动。可以说，占卜是上自商王，下到普通民众一辈子都要经常做的。

占卜的主要器具就是龟甲或兽骨。不同等级的人，在使用占卜材料的大小上，有着严格的规定。比如以龟甲来说，商王用一尺二寸，诸侯用八寸，大夫用六寸，士民用四寸。

不论是龟甲还是兽骨，在用来占卜之前都进行过处理。以牛骨来说，要先将牛骨脱脂，不然时间长了就会发臭。此外，还要预先在甲骨上钻出圆形的小窝，并在小圆窝旁凿出小凹槽。前者称为钻，后者称为凿。

占卜时，占卜者用火去灼烧甲骨上的钻穴，经火一烧，就会在甲骨的正面出现一道道呈Y形或卜形的裂纹，这叫作卜兆。商王或被称作贞人的巫师就会解读卜兆的寓意，以此判断吉凶。同时，还要在卜兆旁边，把卜辞刻写上去。

甲骨文由是产生。

下面是一条完整的卜辞：

　　辛未王卜，贞田，往来亡灾。王占曰：吉。获象十，雉十又一。

这条卜辞，包括了四部分。

"辛未王卜"这部分叫叙辞，又称前辞，包括占卜的日期和占卜者。辛未这天，商王占卜。

文明的曙光

"贞田，往来亡灾"这部分叫命辞，又称问辞。也就是占卜者想要问的事情。贞，就是问的意思。商王打算出去打猎，询问往来的路上有无意外。

"王占曰：吉"这部分叫占辞，也就是依据龟甲上的兆纹得出的判断。商王占卜的结果是吉利。

"获象十，雉十又一"这部分叫验辞，也就是占卜后的应验情况，它是事情终结之后补刻上去的。结果是商王打猎时打到了十头大象和十一只野鸡。

5

很长时间里，刻画着远古秘密的甲骨一直被当作药材消耗。并且，由于对甲骨文全无常识，搜集甲骨的药贩子在把甲骨卖给药店之前，还得把上面的字迹刮掉。因为有字的"龙骨"不如没字的"龙骨"值钱。

等到王懿荣偶然发现甲骨上的秘密后，学者和金石收藏家纷纷对甲骨表现出了极大的兴趣。药材商们奇货可居，"龙骨"价格飙升。甚至，当罗振玉等人打听甲骨文的出土地时，药贩子们极力掩饰，但罗振玉还是知道了甲骨的来源地——河南安阳小屯。

那里，正是后来以殷墟而闻名海内外的商朝中后期的王城所在地。

迄今为止，我国一共发现甲骨15万片。如果按字统计，甲骨文大约有近5000个单字，目前能识的字只有1700多个。周人的记载说,"惟殷先人,有册有典",意思是说,商朝时已经有了写在简册上的图书。但是,由于年代过于久远,简册难以保留得如此长久,因而至今没有商代的简册出土。是故,甲骨文便成为来自商朝的最珍贵的文献。

尽管甲骨文几乎都是卜辞,但透过卜辞,仍然向后世传达了商人丰富多彩的生活:农业,祭祀,征伐,田猎,畋渔,行止,营建,疾病,死亡,灾害,婚姻,家族,气象,天文,法律……

我们再来说武丁的牙痛。俗话说,牙痛不是病,痛起来真要命。虽然贵为一国之君,武丁却对他的牙无计可施。他只好占卜。这次占卜的卜辞是这样的:

庚戌卜,朕耳鸣,有御于祖庚羊百……

意思是说,他的牙痛缘于他的祖父庚作祟,需要用一百头羊对他进行祭祀。

显然,如你所知,这样的占卜和祭祀对武丁的牙痛没有一丁点儿用处——或者更准确地说,最多只是一种心理上的暗示。在甲骨文的卜辞中,武丁牙痛的记载不止一次,这说明,这位君王的牙齿实在很糟糕。如果一位牙医穿越到3000年前,一定大受欢迎。

不仅商王的牙齿糟糕,经常牙痛,整个商代社会里,牙病都是极为普遍的疾病。据人类体质学家对1950年至1953年殷墟和辉县两地商代中小墓出土的人牙进行的鉴定表明,前者病牙数占

30.43%，后者占26.25%。这意味着当时有近三分之一的民众患有牙病，或为牙痛所折磨。

不过，如果与原始社会先民中牙病的比例相比，商代已经从原始先民的将近三分之二，降低到了28%。这也充分说明，商代的物质生活水平，较原始社会已经有了长足的进步。

第二十一章　商朝生活点滴

> 历史是什么？历史就是把古人的生活告诉现在的人。
>
> ——［法］维克多·雨果

1

一般来说，要了解20年前的生活，你的父母足以用亲身经历现身说法；要了解50年前的生活，那就得去找你的爷爷奶奶或外公外婆了；要了解70年前的生活，那你必须得有曾祖父曾祖母在世，是一个四世同堂的家庭才行。

如果你还想往前追溯，比如100年前的生活——能够给我们讲述100年前生活的长寿人瑞非常罕见，通常我们只能通过图片去了解。如果还要往前追溯，比如1000年前的生活，那可以依凭的只有各种书籍和文物。

前面章节中，我们以半坡氏族为例，讲述过新石器时代中后期的生活，那时还没有文字，可以依据的就只有考古发现的遗址和器物。对我们来说，商朝已是3000年前的古代，我们和商朝之间的时间距离，大致相当于从商朝到半坡氏族时期。

还原商朝生活，我们可以依靠的除了考古，还有文字。但与后代——比如唐、宋——相比，商朝的文字记载非常简单、模糊，甚至歧义丛生，所以还必须加以推理和甄别，甚至凭借适当的合理想象。

下面，我们就衣、食、住、行四个方面来大致还原商朝生活点滴——与王朝更替的大事件相比，细小的日常生活虽然没那么惊天动地，但它更能反映一个时代的风貌和特色。

2

先说衣。商人服饰的材料，最主要的是麻和丝，其次是棉，再次是羊绒和动物皮；不论是哪一种材质，在制成衣服时，常常都要把它涂染或是彩绘成各种颜色。

司马迁说商人尚白，就是流行白色。但从考古实证来说，商人似乎对黑更情有所钟。与前代相比，商朝的纺织技术更加先进，尤其是织绸。据沈从文先生考证，"商代人民已经能织极薄的精细绸子和几种提花织物，在铜、玉器上留下显明痕迹"。

当然，由于阶级分化严重，各个阶层的人的衣服也有所区别，甚至可以说泾渭分明。比如商王和贵族阶层，他们所穿衣服的面料，都是精纺的锦绣丝织物和细葛布，而普通百姓只有粗麻葛布，甚至用秋后干黄的植物草茎编成衣服，几乎到了衣不蔽体的地步。

从款式上说，也是不同地位的人有不同的款式。

比如，一种右衽衣，衣长到臀部，袖长到手腕，袖口收束，配有精美的装饰和宽腰带,再加上裹腿和翘尖鞋,就是商王及高级贵族的常服。

一种圆领的窄长袖花大衣,衣长到小腿,这是中下层贵族的服饰。

至于赤身露体或是仅仅在肚子前扎一段布条,额头上戴一个圆箍,那是典型的奴仆打扮。

3

再说食。

我们今天常说五谷,那么,五谷包括哪些农作物呢?

其实,时代不同,五谷的具体所指也不尽相同,因而五谷常常是一个泛指,用来代指粮食。

有意思的是,上古文献里,先有百谷之说,然后有九谷、八谷、六谷之说,最后才有五谷之说。这中间隐含了上古人类的一大秘密。这说明,上古时期,人类采集的野生谷物品种非常多,可以说只要是能充饥的都来者不拒。慢慢地,随着原始农业的进步,上古人类有了选择,经过年复一年的优胜劣汰,最终,只有那些产量稳定、易于种植的作物保留下来,人们将它们统称为五谷,并成为人类长期的主食之源。

商朝时,最重要的农作物有这几种。

粟。粟是中国北方最主要的粮食作物,有时也用它来代指粮食,如唐诗里的"春种一粒粟,秋收万颗子"。北方民间把粟称为谷子,也就是小米。因为种植广,产量大,普通民众几乎一年四季都以粟为主食。

黍。黍是黄米或大黄米,在商朝属于贵重粮食,要有一定身份的人才能经常食用。有时也用来酿酒。

麦。商时的麦是大麦。与小麦相比,大麦有着尖而长的芒。

来。即小麦。两河流域是最早种植小麦的地方。它通过中亚进入我国新疆,然后再经河西走廊传入内地。商朝时,中原地区已有种植。不过,由于缺少灌溉工程,而小麦需要大量的水,估计种植比例不会太大。

稻。水稻,去壳后即大米。商朝时,水稻主要种植于南方地区。

菽。即大豆,其原产地为东北地区,已有4000年的历史。在二里头文化遗址中出土过大豆,说明商人也有种植。

高粱。高粱又称蜀黍,因其最早由蜀人培育。

有趣的是,由于石磨还没有发明,包括大麦、小麦和大豆在内的这一系列粮食,都没法磨成粉之后再做成食物,而是统统或蒸或煮,因而称为粒食。大豆不易消化,上古人类很可能大多患有肠胃方面的疾病。

研究人类骨头中的碳、氮同位素含量,能得知骨头主人长时间里的饮食情况。专家们对河南偃师商城3件人骨样本和安阳殷墟39件人骨样本的检测表明,前者的主食以粟和黍为主,后者的主食以米和小麦为主。这也与历史文献的记载相吻合。

商朝时,肉食仍然是一种奢侈品,普通民众尤其是奴隶估计一年到头也难得沾几回荤腥，而对商王和贵族来说则是家常便饭。肉食还有一种特殊而重要的用途，那就是用于祭祀。其数量，可谓达到了令人目瞪口呆的地步：比如有一次商王耳鸣，宰杀了多达158只羊用于祭祀。

商人的肉食来源有三个途径：其一是饲养的家畜家禽，主要有猪、狗、羊、马、牛、鸡、鸭、鹅、鹿、象——是的，大象也曾经是商人的盘中餐；其二是狩猎到的野物，主要有象、犀牛、虫草、豹、野猪、野牛、扭角羚、麋鹿（即民间传说的四不象）、狐、狸、獾、獐、梅花鹿、兔、猴、竹鼠、田鼠等20多种；其三是水产，在安阳殷墟出土的鱼骨，经鉴定有黄颡鱼（南方称为黄腊丁）、鲤鱼、青鱼、草鱼、鳟鱼、鲻鱼，郑州商城则出土过鲟鱼骨，鲟鱼分布于长江流域，体重可达千斤以上，显然是千里迢迢运到商王城的贡品。

4

青铜制造在商朝走向了巅峰，一说到青铜器，我们就会联想到商朝和商人。出土极多的青铜器中，既有饮食器具，也有酒器和礼器，那么，哪一种类型的青铜器最多呢？

毫无疑问——酒器。

根据酒器的形状和用法，青铜酒器就有觥、卣（yǒu）、彝、尊、壶、觚（gū）、觯（zhì）、爵、勺、角、盉（hé）、斝（jiǎ）、罍（léi）等。

文明的曙光

考察已发掘过的商人贵族墓葬中出土的陪葬青铜器里，酒具也超过了其他器具。而且，很有意思的是，酒器一般和棺木一起放在棺椁之中，而鼎、簋、豆等饮食器具一般都放在椁外。

种种迹象表明，商人极为好酒。

根据酿造的原料不同，商人的酒有好几个品种。

商朝开始出现的青铜酒器：铜联禁大壶

醴。醴是一种度数很低的甜酒，用稻米酿成。在做醴时，需要用发了芽的谷粒来做曲药，如果天气热的话，一晚上就熟了。醴有不少酒糟，略似于醪糟。饮用的时候，要使用一种称为柶（sì）的器具——略似现在的汤匙。

鬯（chàng）。鬯用黍酿制，是一种高档酒，可能为贵族专享。在祭祀或其他重大场合，一定会有它的出现。鬯分为两种，一种是用单纯的黍酿造，称为秬（jù）鬯；另一种还要加入郁金香，称为郁鬯。不过，也有学者认为，郁鬯并不是加入了郁金香，而是加入了其他芳香物质，因而酒气香郁，故有此称。

果酒。在河北藁城台西商代中期遗址中，发掘出一个酿酒作坊，作坊里有许多桃仁和枣核。考古工作者估计，这些果实就是用来酿造果酒的。

药酒。同样是在河北藁城那座商代中期的酿酒作坊里，还出土了大量草木樨和大麻籽，这是两种可以入药的植物。这说明，商人饮用的各种酒中，还有药酒的一席之地。

在物质不丰、技术极为落后的殷商时代，普通民众过着日出而作日落而息的日子，几乎没有夜生活一说。只有贵族们，才有可能在晚上点亮庭燎，聚众泥饮。就像是为了验证大禹在初次饮酒后断言，后世一定会有君王因酒而亡国的预言一样，夏因酒而亡，商后来也因酒而亡——酒当然不是亡国的全部原因，却是重要原因或者说亡国原因之一。

这是后话，我们下文再细讲。

5

与原始社会相比，殷商时代的生活已经更加考究，除了大量饮酒外，商人还有制作各种调味品的习惯，这些调味品，使得食物变得更加可口。

商人的主要调味品大致包括这样几种。

梅。梅与松、竹并称岁寒三友，在中国传统文化语境里，是高洁、坚贞的象征。北宋诗人林逋一生不娶不仕，种梅养鹤自娱，称为梅妻鹤子。他描写梅的诗句"疏影横斜水清浅，暗香浮动月黄昏"意境悠远，历来被人传诵。不过，在包括商朝在内的远古时代，梅更多的不是精神的映射，而是有着更为实际的功用。

古籍《尚书》上说"若作和羹,尔惟盐梅"。这说明,梅曾经和盐一样,是制作食物时必不可少的调味品。在一些史前遗址中,梅核的身影已经出现。到了商朝,梅更是深入到了普通商人的生活。如在陕西泾阳高家堡的晚商遗址,出土了几只铜鼎,里面盛有兽骨和梅核。其中一只鼎里,盛有一块羊腿肉,以及34枚梅核。只是,这顿令人垂涎的美餐,它的主人还未来得及享用便因某种我们无法知道的原因离开了,而商朝的美食,也就得以穿越3000多载茫茫时空,进入了现代人的视野。

醯(xī)。醯是什么?就是醋,古人又把它称为酢。它的出现应该比较偶然——先民在酿酒时,一旦由于醋酸杆菌的大量繁殖,酒变酸了,无法饮用。从酿酒的角度说,自然失败了。不过,从另一角度说,却在无意中发明了醋。对于经常以各种肉类为食的古人来说,醋的滋味足以解腻助消化。

糖。人类最早获得的糖,是天然的蜂蜜。直到今天,在一些边远山区,仍有人从树上和岩洞等地方,寻找到蜂巢,从而取得蜂蜜。蜂蜜之外,人工制造的具有甜味的食品,季羡林先生认为,一共有两种:一种称为饴,另一种称为糖。

制作饴和糖的主料,最初是糯米,后来也用大麦或小麦。其中,清一点儿、软一点儿、稀一点儿的称为饴;稠一点儿、硬一点儿、干一点儿的称为糖。不过,还有一种说法,饴是专指用麦制作出来的糖,也就是如今北方地区还能见到的麦芽糖。

花椒。中国四大菜系之一的川菜,一直以麻辣鲜香闻名。其中独到的麻味,来自一种芸香科小乔木的果实——花椒。在河南固始葛藤山的一座晚商时代墓葬中,从墓主身旁出土了几十粒花椒。这充分说明,中国人把花椒作为调味品,至少也有3000年的历史了。

盐。盐是所有调味品中,登台最早也最重要的。根据其来源,盐可分为海盐、池盐、井盐和矿盐。

上述诸种调味品里,除了盐以外,虽然每一种都有其独特而珍贵的风味,但应该说,多一种是锦上添花,少一种却也不会有太大影响。盐却不同,它是必不可少的。

一旦缺少盐,不仅所有菜肴都淡而无味,并且时间稍长,还会诱发人的多种疾病。盐的这种不可替代性,同时也由于它只能存在于大自然的某些特殊之地,如大海、盐湖、地下,人工无法合成,因此,在漫长的历史年代里,盐都是由国家专控的特殊商品,盐税也曾是国家的重要财政收入。

山西运城有一座河东盐池,是中国古代最重要也最著名的盐产地。河东盐池曾是远古中国中原各部族长期争夺的重要目标。占据盐池,便有了成为各部族共同领袖的资格。据传,黄帝与蚩尤之间的生死决战,其中一个重要因素,就是争夺对河东盐池的控制权。

6

我们知道,由于科技极为落后,古人在计时方面非常粗略。

文明的曙光

我们如今把一天分为24小时，每小时分为60分钟，每分钟分为60秒（如果有需要的话还可以进一步分下去，但现实生活中已经用不着），而古人则把一天分为12个时辰，每个时辰又分为8刻。

不过，在商朝时，计时比这还要粗略。甲骨文里，有一些表示一日之间不同时段的词语，其中不少来自日常生活用语，它们曲折地反映了当时的饮食习惯。

比如大食和小食。大食和小食这两个时段名的存在，暗示了商人的饮食习惯与我们今天不同。

我们今天常说一日三餐，几乎所有中国人都是一天吃三顿饭，但商人一天只有两餐，称为大食和小食。大食在上午，小食在下午。

之所以有大、小食之分，在于上午进食后，要从事劳动，饮食相应就要丰富一些；小食已近日暮，日入而息，只须胡乱应付一下即可。

7

三说住。遍观人类居所，因其身份不同，居所的形制、面积也不相同。在原始社会，生产力不发达，还没有阶级分化，大家都住在同样的山洞或是地穴里。但到了商朝，阶级早已出现，贫富早就悬殊。

在郑州商城遗址东北部，考古工作者发掘了一座宫殿基址。这座宫殿基址由多处建筑构成，最大的建筑有2000多平方米，最小的也有100多平方米。

考古工作者根据蛛丝马迹推定,这就是商代早期的商王王宫。王宫的台基呈长方形,每间隔2米左右,就有石头柱础,用以支撑房柱。虽然时隔3000多年,仍可以想见当年的雄壮与精美。

在河北藁城,发掘了一处由7个大小形制不一的房屋组合而成的院落。考古工作者推测,这应该是商朝贵族的宅第。这些房屋有尖顶,也有平顶,位于城市的中心位置,有庭院,有花园,还配套有水井、地窖和垃圾坑,功能十分完善,堪称商人的高档住宅区。

王室和贵族居住于殿堂和华舍,普通民众便等而下之了。在河南柘(Zhè)城孟庄遗址,发现了3间商代房屋基址。3间屋子紧密相连,中间的屋子最大,两侧的屋子较小,看得出它们之间的主次之分。最大的屋子面积也只有18多平方米,最小的则不到8平方米,整套房子的总面积,也就30多平方米,相当于商代的经济适用房。

考古工作者还发现,这3间屋子最大的那间,里面有用来做饭的长方形灶坑。那么,这间最大的屋子,显然是这家人的活动中心,既是客厅,也是厨房和饭厅,甚至还是起居室。

西边的一间屋子,里面放有陶瓮和陶钵等器具,很可能是这家的当家人住的地方,因为用来盛放粮食的瓮钵都在他的居室里,由他亲自掌管。

平民的房舍狭窄拥挤,但总算是能够充分采光和通风的地面

第二十一章 商朝生活点滴

建筑，最惨的是一些奴隶的住所，他们多半居住于一种深1—6米，直径2—7米的半地穴之中。

从出土的商代遗址来看，半地穴的主人也不仅仅是奴隶，还包括相当一部分地位低下的平民——除了具有人身自由，他们在经济上比奴隶也好不了多少。

在山东平阴朱家桥晚商遗址，230平方米的范围内，分布着21座半地穴式窝棚，有方形、圆形和曲尺形3种。最大的面积也不超过12平方米，最小的则只有7平方米，是名副其实的斗室。不仅面积小，而且，构筑非常简陋，地面坑洼不平，没有经过修整和夯打。室内，有土坑和一些陶制的生活器具，以及蚌镰、骨镞、铜镞、纺轮、石杵、网坠等生产工具。这些东西说明，这是一个自食其力的大家族，生活过得相当艰难。

我国考古专家李济先生推测，商代的建筑有14个特点，其中最主要的几点：有高台；有以木板或版筑建成的墙壁，墙壁上多半有美化装饰；有大小木柱支持的房架；有人字形的屋顶或木杠横排的平顶；可能有双层楼阁；有系统的排水沟；有土堆或木架的台阶；有窖藏用的坑；有园林。

如果比对后来出土的商代遗址，你会发现，李济先生的推测很准确。

尽管我们今天距商朝已有3000年之久，但大体还能还原商人修筑房屋的工序：他们在选定的空地上清理出一块地基，挖去表层泥土，形成深度半米左右的一个浅基坑（如果你参观过建筑工地，你会发现，这种建造房屋之前先挖基坑的方式至今未变。

不同的是，今天的基坑更深，且由各种机械来挖掘）。

挖出基坑后，再从近处取来净土填入基坑，并用石头或木头将它一层一层地用力夯实。填到与地表齐平时，再涂上一层细泥并抹平，之后用火烧烤，使地面变得坚硬。

修筑工作至此完成了前半部分。后半部分，间隔一定距离竖立木头为支柱，支柱与支柱之间，用植物茎秆编织为墙，外面再涂上湿泥土。到了预定的高度，再搭上人字形的屋顶。这种墙称为木骨草泥墙。另外尚有一种夯土土墙，即用四块活动的木板组成一个空心长方体，往里面倒入泥土并将其夯实，然后一层层、一段段地不断加长、加高，使之成为墙体。

这两种筑墙方法，直到三四十年前的中国广大农村，仍然在普遍使用。

商人尚鬼神，相信万物有灵，反映到建筑上，有一种非常血腥的习俗，那就是用牲口甚至活人祭祀。商人相信，只有通过祭祀天地，才能获得鬼神的欢心，从而让它们庇护自己。决定能否获得鬼神欢心以及欢心程度的，在于祭祀的牺牲是否隆重。

据学者考证，商人在建造房屋时，要进行四次祭祀。

第一次是奠基时。基坑挖成后，在基坑下面再挖一个小坑，里面埋一条狗或是一个小孩，这就是奠基的原始意义。

在殷墟小屯北地，发掘出53座基址，考古工作者将其分为甲、乙、丙三组，其中乙组是商王王宫所在地，它用了15条狗和7个可怜的儿童作为牺牲。

第二次是置础时。当基址夯实后，在竖起立柱之前，再次埋下各种祭品。以乙组为例，挖了19个坑，埋下98条狗、40头牛、107只羊和两个成人。

第三次是安门时。在大门外的地下，分别于内外左右埋葬人和动物，以示守护。以乙组为例，挖了30个坑，埋下4条狗和50个成人。

第四次是落成时。即建筑完工后，在建筑前面埋列车、马、人、兽，以示庆祝。以乙组为例，挖了127个坑，埋下5辆车、15匹马、12只羊、10条狗，成人则多达585个。

如果埋下牲口和器物只是一种无谓的浪费的话，那么用活人做祭品则残暴而血腥。3000多年后，当考古工作者把这些不幸的殉人从地下挖掘出来时，他们的尸首或俯身，或扭曲，或骨骸不全，或缺肢少腿，或双手反绑，或膝骨折断，由此可以推想，当年，他们死得极为痛苦。

商王和贵族们巍峨高大的宫殿，建立在奴隶们血迹斑斑的尸首之上。

8

四说行。石器时代，人类力量弱小，且各自为政，为了填饱肚子而用尽全身之力。那时，人类活动局限于相当狭小的区域，除了氏族的居住地附近，其他大多数地方都是亘古未见人迹的莽原，既无道路，更无交通。

到了大禹时代，为了治水和管理国家（严格地说，那时的国家还带着浓厚的部落联盟的烙印），古籍上说，大禹开九州，通九道。九道不是指狭义的九条道路，而是由他的王都阳城通往九州各要地的路网。为了保障道路交通，自夏朝起，架设桥梁、维护要津就成为国家实政之一。

经过夏朝几百年的发展，到了商朝时期，交通面貌已是今非昔比。

首先是发达的路网。商朝的王城不断迁移，如果加上商取代夏之前多达14代人的先公时期，商人迁都至少有13次。每一次迁都无疑都会有一次道路的开拓或修复；另外，历代商王多次对外征伐，从而形成了一条条因军事需要而开辟的道路。

其次是各种各样的交通方式。商人主要有哪些交通方式呢？通过影视作品，你大概知道古人出行时往往依靠牛和马。没错，商人也依靠牛和马。并且，对牛和马的利用，也是从商人开始的。

《管子》说："殷人之王，立皂牢，服牛马，以为民利，而天下化之。"所谓皂牢，就是饲养牛马的圈栏。前面我们曾讲过，商人的祖先王亥发明了牛车；到商人立国之后，牛车成为最重要也最平民化的交通工具。和平时期，它载人载货，远行经商；战争时期，它又是最实惠最耐用的后勤补给工具。

不过，牛车虽然便宜，且运载量大，但速度太慢，而且在有身份的贵族眼里，牛车与他们的地位不相称。因此，贵族阶层的人，多半使用马车。

马车不仅用于普通的交通，也是战场上征战的利器。《吕氏春秋》说:"殷汤良车七十乘,必死六千人……乃入巢门,遂有夏。"意思是说,成汤讨伐姒履癸时,投入了70乘马拉的战车,以及6000人组成的敢死队,从而将其一举击溃。70辆马车,听上去似乎并不算多,但在青铜武器都还没有普遍使用的当时,这些纵横奔驰、来去如风的马车,无疑就是所向披靡的大杀器。

考察商朝出土文物,商朝的马车一般都是由两匹马拉动的,偶尔也有三匹或四匹的。

今天我们常用一个词:马力。

马力一词的由来,和英国科学家詹姆斯·瓦特有关。200多年前,工程师根据瓦特的设计,制造出了世界上第一批改良后的蒸汽机。一家啤酒厂订购了一台,厂主想确定一下它的效率到底有多高。于是,他选了一匹最强壮的马,让它不停地工作了8个小时。

8个小时里,这匹马一共汲上了200多万千克的水。经过折算,一匹马每秒能把75千克的水提高1米,即1马力等于75千克·米/秒。后来,就规定1马力等于75千克·米/秒,也等于735瓦特。

以马力作为标准来计量功率,这说明,无论在东方还是在西方,马都是人类曾经最重要的动力来源之一。

不过,商朝时,乘坐马车并不是一种享受。木质的车轮缺少弹性,又全是土路,再加上马车没有减震设施,颠簸的艰苦难以想象。

马的重要,除了它可以与木车组合成为马车外,还在于马可以单独骑乘。以往,根据古籍记载,一般都把中国人骑马的时间上限,定于东周时赵武灵王胡服骑射。

但是,越来越多的考古实证却表明,骑马早在商朝时就出现了。如1936年殷墟发现了一座人、马合葬墓,内有一人

商代木质车轮复原模型

一马一犬,人装备有铜刀、砺石、镞和玉策等,学者认为,这种现象表明"供骑射的成分多,而供驾车的成分少",是为"战马猎犬"。

与牛车和马车相比,商人还有另一种更为舒适的车。但这种车不仅速度和牛车一样慢,而且只能用作短途旅行,这就是辇。辇又称为步辇,是由人力来牵引的两轮车。

与辇异曲同工的是手推车。二者的动力都是人力,只不过,辇由人在前面牵挽,手推车由人在车后推动。另外,辇为二轮,手推车则为独轮。在成都平原,这种手推车一直使用到20世纪八九十年代,当地方言称为鸡公车。

距今3000多年前的商朝时期,中国气温普遍比现代偏高。今天的河南一带,在商朝时,到处都是茂密的亚热带森林。森林里,生活着众多的动物。如今只能在云南边境热带地区才能看到的大象,曾经普遍生活在中原大地。在河南安阳殷墟,考古学家发现了大量象牙和象骨。甲骨文里,关于象的记载屡见不鲜,内

容涉及猎象、驯象以及用象祭祀等。商王统率的军队中,有一支由大象组成的骑兵。民用时,大象力大而温驯,是不可多得的重要交通工具。历史上称之为商人服象。

甲骨文里有这样一段卜辞:癸酉卜,亘,贞臣得?王占曰:其得,惟甲、乙。甲戌臣涉舟延,䏁弗告,旬又五日丁亥执。十二月。

这段文字是商王的一次占卜记录,大意是有奴隶逃亡了,商王就在癸酉日那天占卜,问奴隶能否抓回来。他根据卜兆判断说,在甲日或乙日可以抓到。在甲戌那天,发现奴隶过了河,于是商王派出船只渡河追捕。没想到船被陷在了浅滩上,负责此事的一个叫䏁的人没有及时报告,直到又过了十五天,才于丁亥日抓到了奴隶。占卜的时间,是在十二月。

这条卜辞的内涵相当丰富,其中一点,说明船只已成为商人生活中经常使用的交通工具。

商朝的船只,已经从上古时期简陋的竹筏和独木舟,升级过渡为木板船。《中国古代交通图典》认为,"由独木舟和筏类工具发展质变到木板船,是中国古代造船史上一次伟大的飞跃,它开创了中国古代航海及河运史上的新篇章"。

关于商人的交通,还有一件至今仍扑朔迷离的事值得特别一说。

你多半知道,美洲被称为新大陆,是因为它直到15世纪才被航海家哥伦布"发现"。但是,一个石破天惊的说法是,早在3000年前,中国人——准确地说是商人——就到达了美洲。

证据主要有两个,其一是学者们发现,在美洲,尤其在墨西哥，有不少与中国古代，尤其是商朝风格酷似的墓碑、雕塑、壁画、石刀、建筑、陶片、铜器和纹饰。其二是20世纪70年代，在加利福尼亚南部浅海，发现了两个石锚，石锚的年代，应在2000年以前。根据对它的研究，制造石锚的岩质不存在于北美太平洋沿岸，反而与太平洋另一侧的中国南海海岸地区所产的一种灰岩相同。

正是这些证据，使得一些欧美学者提出，商人早在3000年前就到达了美洲。国内一些学者则进一步推测，商朝灭亡后，商的遗民们利用高超的航行技术，由山东半岛下行到达台湾，利用洋流北上琉球，经过日本东北部，进入西风漂流带，过阿留申群岛，横渡北太平洋，从而抵达北美洲，再乘加利福尼亚海流而至墨西哥。

当然，这些推测还只是一种假说，目前既无法证实，也无法证伪。

第二十二章　周的崛起

周虽旧邦，其命维新。

——《诗经·大雅》

1

这是3000多年前的一场大战，这场大战虽然在短短的一天之内就结束了，但战争的结果却极其重要：一个享国500年的王朝灭亡了，一个享国800年的王朝诞生了。

这就是牧野之战。

牧野之战的参战方，一方是商，另一方是由周及支持周的一些方国组成的联军。

从人数上说，商占了优势；从人心和士气上说，周遥遥领先。

这次大战，诞生了两个成语，一个是血流漂杵，一个是临阵倒戈。

按夏、商、周断代工程的观点，牧野之战发生于公元前1046年2月28日。

此前一个多月的1月26日——史料和青铜器铭文把它称为甲子日，周武王亲率战车300乘、精锐的虎贲卫队3000人，以及步兵数万人东征。20多天后的2月21日，浩浩荡荡的周军抵达了黄河边的孟津。

孟津是黄河上的一个重要渡口。在山西和陕西之间，黄河由北而南，奔腾直下，到了潼关附近，突然形成一个90°的大转弯，折而东流，到了孟津一带，水流平缓，宜于渡河。

在孟津，来自庸、蜀、卢、彭、濮等方国派出的军队与周军会师组成联军，队伍增长到近50000人。

27日，周武王对联军全体将士发表了演说，只见他左手拿着用黄金装饰的斧头，右手拿着白色牛毛编成的军旗，前者象征他至高无上的王权，后者象征他对联军的指挥权。

他说："古人说，母鸡没有早晨打鸣的；否则，就是这户人家将要衰落的不祥之兆。现在，商纣王就是一个只听妇人谗言的昏君。他轻视对祖宗的祭祀，不闻不问；他遗弃同胞兄弟，不采不用；而那些犯了罪逃亡的奸人，反而受到他的推崇和信任，并把国家大事交给他们。这些人残暴地对待百姓，使得天下大乱。现在，我姬发奉了上天之命，要对他进行惩罚。今天的战事，我们一定要同心协力，步调一致。努力吧，将士们，希望你们像虎貔（pí）熊罴一样勇猛。"

纣王听说周武王率军来讨伐，异常震惊。当时，商朝的精锐部队都在东面与东夷作战，远水救不了

纪念周公东征的方鼎

近火。没办法，纣王只得把大量奴隶、战俘以及守卫京城的部队纠集在一起，其数量，一说70万，一说17万，总之，要比周朝联军多得多。

然而，人数虽多，这却是一支典型的乌合之众。

牧野大战当天，周武王的主要辅佐者吕尚（又称姜尚，民间称为姜太公）首先率数百名精锐士兵向商军阵地冲锋。

商军原本就是主要由奴隶、战俘组成的，既没经过必要的训练，更缺少临阵经验，同时，都不愿意为纣王卖命。他们在周军的攻击下，掉头逃跑。但在他们后面的，是忠于纣王的正规部队，自然不许他们逃跑。于是，他们倒戈相向，从商军变成了周军。这就是成语临阵倒戈的来历。

商军顿时阵脚大乱，周武王乘机率领主力紧跟冲杀。一时间，杀声震天，尸横遍野。被杀死杀伤的士兵们的血流到地上，竟能把那些带木柄的武器漂起来，这就是成语血流漂杵的来历——《尚书》记载："会于牧野，罔有敌于我师，前徒倒戈，攻于后以北，血流漂杵。"（当然，前面我们讲过，黄帝与炎帝的阪泉大战，后人也用血流漂杵来形容，可见这个成语常用于形容战争之惨烈）。

周军势如破竹，很快攻进朝歌。黄昏时，纣王走投无路，凄凉地登上高大壮丽的鹿台，身上揣满珠宝，自焚而死。

武王赶到鹿台，找到纣王的尸体，用一柄名叫轻吕的剑刺了几下，接着又用他演讲时手里挥动的装饰有黄金的斧头砍下纣王的头，高挂在旗杆上示众。

牧野之战次日，周武王在朝歌的商王王宫举行了盛大仪式，宣告商朝的灭亡。之后，他紧接着又干了几件大事：

其一，令部下攻打尚未向周朝归顺的、继续效忠于商朝的地区；

其二，安抚殷商遗民，将纣王的儿子武庚封于殷，令其管理商朝遗民；

其三，释放被纣王囚禁的箕子，为比干建墓厚葬；

其四，将纣王囤积的钱物发放给民众；

其五，将九鼎运回周都镐京；

其六，举行祭典，告慰列祖列宗。

周武王克商之后，在朝歌只停留了七天，便班师回周。

商周原本势力悬殊，一直有所谓小邦周和大邑商的说法，但是，周武王竟然在短短的两个多月里，就令人惊奇地完成了灭商大业，这种奇迹的背后，其实，隐藏着周族数代人的不懈努力。

2

当作为天下共主的商王胡作非为，折腾着祖先打下来的基业时，一个人口不多、土地狭小的方国在西边渐渐兴起。这就是后来代商而起的周。

商人与周人，商族与周族，一个擅长牧业，把牧业作为农业的补充；一个擅长农业，把农业作为牧业的补充；他们不仅在谋生的方式上，就连性格与气质上，也有着极大差异。

如同那些波澜壮阔的大河，其发源之初，常常只是一些不起眼的小河流一样，周的起始和发源，也相当卑微渺小。

文明的曙光

周人的远祖，可以追溯到稷。前面我们讲过，尧有一个同父异母的兄弟，名叫弃，是神话体系和民间传说里中国农业的始祖，后来被封为后稷。后稷就是周人的远祖。从辈分上说，周文王是他的第十四代孙，而灭商的周武王则是他的第十五代孙。

但是，司马迁的这一记载，遭到了后来史学家的质疑。因为，按目前我们所知的情况，从尧到周武王，其时间跨度超过了1000年。其间，夏朝历14世17王，商朝历17世31王，两者相加，计31世48王，然而与此同时，周人却只经历了15代，这无论如何是难以成立的。

所以，史家们推测，出现这种情况，可能有两个原因：

其一，从后稷到武王之间的世系，记载有缺失；

其二，后稷是官名，不是一个具体的人，周族的先祖有多代人出任后稷，所以后稷不止一代，而是多代。

到底哪种原因才是真相，如今我们还不得而知。不过，可以肯定的是，在周族崛起并最终以弱克强的进程中，有几位周族首领起到过至关重要的作用。

3

《诗经》是由孔子编订的中国最早的一部诗歌总集，其作者绝大部分无法考证，所收作品大多创作于周朝初年到春秋中叶。

周朝时，朝廷设有采诗官。每年春天，采诗官摇着木铎深入民间收集歌谣，把能够反映人民欢乐疾苦的作品，整理后交给负责音乐的太师谱曲，再演唱给周天子听，作为天子施政的参考。

《诗经》中也有一部分作品，系由贵族创作。其中，有一部分具有史诗性质。比如有一首名为《公刘》的诗，就描写了公刘如何带领周族从偏远的西部迁徙的历史。

按钱穆先生的观点，早期，周族主要活动于晋南一带。到了夏商鼎革之际，天下大乱，周人不得不西迁到今天的甘肃一带，司马迁称之为"洛戎狄之间"。当时，这一地区的主要居民为游牧的戎狄部落，而周人擅长的是农业。谋生方式的不同，以及巨大的生活习惯差异与文化差异，导致了周人与戎狄关系相当紧张，双方时有纷争。

这时，一个周人尊称为公刘的首领，实行了一项重大举措——迁徙。

公刘并不姓公，他姓姬名刘，公是对他的尊称。

公刘迁徙之地叫作豳（Bīn），也就是今天的陕西旬邑一带。

豳这个地方，地处渭北高原西部的泾河中下游，属于黄土高原地貌，雨热同季，四季分明，明显比高寒的甘肃更宜于发展农业。

《诗经》中绘声绘色地讲，公刘率领众人，度过泾水，来到豳地。他勘察水源，将低平肥沃的地方整治为耕地；架设浮桥，从河对岸采集石头制造工具；又勘察地形，选择了一处高地来修筑城池。

经过公刘的努力，原本荒凉的豳地渐渐有了人间烟火的气息；后来，人口不断繁衍，村落不断增多，周族建立起了军队，修建了庙宇。《史记》称"周道之兴自此始"。

文明的曙光

许多年后，周人又进行了第二次迁徙。这一次，是从豳地迁往岐山的周原，而主持迁徙的首领被周人称为公亶父。

自公刘到公亶父，其间经历了8代或10代人，也就是两百年左右。至于迁徙的原因，许多史家认为，是为了避开不断入侵的戎狄。但也有可能，与豳地相比，周原有更大的发展空间。

周原位于陕西关中平原西部，地域范围包括今天的凤翔、岐山、扶风和武功四地的大部分，兼有宝鸡陈仓区、眉县和咸阳乾县的小部分。它北倚岐山，南界渭河，漆水和千阳河分别由东西两侧流过。

整个周原东西长70公里，南北宽20公里，面积约1400平方公里。这里土地肥沃，气候温和，雨量充沛，河泉密布，是人类——尤其是农耕时代人类——的理想生息之地。《诗经》里说"周原膴（wǔ）膴，堇荼如饴"，意思是指周原土地广阔肥沃，这里长出来的野菜，吃起来也像糖一样甜。

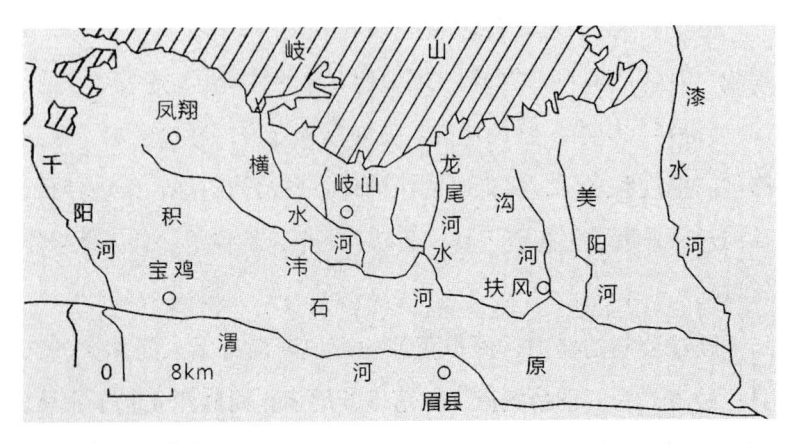

周原示意图（局部）

唯其如此，早在新石器时代，周原就成为远古人类的家园。近年来在周原遗址的考古发掘表明，仰韶文化和龙山文化时期，周原已成为一处明确的区域发展中心。

商王朝建立后，其势力范围主要在中原地区；商人对西部疆域的扩张止步于周原所在的七星河流域。到了商朝后期，商王朝统治重心向河南北部转移，周原成为原住民的势力范围。于是，在公亶父的带领下，周人迁徙到了周原。

周人迁居到周原时，周原植被茂密，一部分是草原，另一部分则是遮天蔽日的原始森林。草原为农耕提供了平整而肥沃的土地，森林为生产生活和城市营建提供了充足的材料。

如同公刘并不姓公而是姓姬一样，公亶父也不姓公，同样姓姬，名亶父，公是对他的敬称。从辈分上说，公亶父是周武王的曾祖父。

周人迁到周原后，由一个默默无闻的小邦周，迅速崛起扩张，用四代人的时间，推翻了大邑商。为了纪念公亶父，周武王伐商成功后，把他追封为太王。

《诗经·大雅》中有一首题为"绵"的诗，详细而生动地记载了公亶父从豳地迁到周原并发展壮大的经过：

绵绵瓜瓞，民之初生（周族初期，周人生下的子孙如同小瓜那样连绵不绝）；

自土沮漆（公亶父带领族人，从杜水前往漆水）；

古公亶父，陶复陶穴，未有家室（以往，族人居住在窑洞或是地穴里）；

古公亶父，来朝走马；率西水浒，至于岐下（亶父骑着马，沿着西边的流水南下，走到岐山，考察可以建造房屋的地点）。

从这首诗可以看出，在公亶父之前，周人还住在窑洞或是半地穴里，过着相当简陋的生活。自从迁徙到周原，他们开始修房造屋，初步形成了较为繁华的聚落。对此，《史记》说："古公乃贬戎狄之俗，而营筑城郭室屋，而邑别居之。作五官有司。民皆歌乐之，颂其德。"

诸种历史文献表明，公亶父是周族发展史上的重要人物，他迁居周原后，兴建城邑，发展农业，设立官吏。后世认为，正是从公亶父开始，周人开启了剪灭商朝的进程。

今天的陕西岐山祝家庄镇岐阳村，有一座古墓，曾被长期误传为周幽王墓。明朝万历年间，岐山知县于邦栋经过考辨，认定它是公亶父之墓。后来，墓前立了由清代学者毕沅所书的高大石碑：周太王陵。

这，就是公亶父的最后归宿。

4

殷墟出土的众多甲骨中，其中一些甲骨上的卜辞与周有关。这些与周有关的卜辞，其内容，要么是商王令诸侯伐周，要么是关心周地有无灾害。从这些内容可以推测，当时，周是商的属国，与商的关系时好时坏。不过，总体来说：商强周弱，商大周小，商尊周卑。

公亶父有三个儿子,即长子太伯、次子仲雍和小儿子季历。三个儿子都很优秀,其中,季历的儿子姬昌,很受公亶父器重,他曾经对人感叹说:"我们周人应当会有大的振兴,这事应该是由姬昌来完成吧?"

按制度,公亶父的位置该由长子太伯来继承,太伯之后,再由太伯的长子来继承,就是说,无论如何,也轮不到公亶父特别看好的姬昌。

只有一种办法才可能传到姬昌头上,那就是废长立幼,即公亶父打破规矩,把位子传给小儿子季历,再由季历传给姬昌。

太伯和仲雍都明白父亲的心思,也生怕父亲为难,两兄弟商量一番,不声不响地离开了周原,奔赴遥远的南方。

后来,民众拥戴太伯在南方为君,他死后,无子,由仲雍续任。这就是春秋时期吴国的前身。

公亶父死后,季历即位。作为属国之君,季历曾前往商都朝拜商王。其时,商王为武乙。《竹书纪年》中记载,武乙三十四年,周王季历来朝,武乙赐其地三十里,以及玉和马若干。

武乙去世后,其子文丁为王,将季历封为牧师——不是基督教中的神职人员,而是诸侯之长。

季历同样是一个有为之君。他在位期间,对长期侵扰周人的戎狄展开了一系列战事并取胜。在对戎狄的战争中,周人展现出了勇猛善战的一面,并因战胜戎狄而势力大增。这就引起了商朝的不安。于是,文丁将季历处死。

季历死后,公亶父十分看好的姬昌接任,这就是后来的周文王。

姬昌时代，商周之间的关系更加恶劣。当时，商朝属国之一的国君九侯，向纣王敬献了一名美女。但纣王对这名美女很不满意，一怒之下将她杀死，之后又迁怒于九侯，把九侯剁为肉酱。另一个属国的国君鄂侯据理力争，纣王大怒，把鄂侯处死后制成肉干。

姬昌得知纣王的倒行逆施后，深为叹息，不想，崇国国君崇侯虎向纣王打了小报告，纣王便将姬昌囚禁在羑里（Yǒulǐ）。甚至，还将姬昌的长子杀死，煮为肉羹，要姬昌食用。

姬昌的手下为了救他，搜罗了美女、珍宝、骏马等物赶往商都，向纣王行贿，纣王便将姬昌放归。不久，姬昌又向纣王献出洛西之地，纣王便将姬昌封为西伯，是为西方诸侯之长。

纣王放走姬昌并封他为西伯，一方面，大礼包固然起了作用；另一方面，未尝不是纣王企图通过这种恩威并施的方法来笼络姬昌。

姬昌在位期间，主要在两方面做出了努力。

其一是军事征服。他不断开疆拓土，首先对周的西方和北方的戎狄发动多次战争。这样做能起到一箭双雕的结果——向西和北发展，不会与东边的商朝及属国发生冲突，又能扩张领土；同时，多年以来，周人常受到戎狄侵袭，不彻底打败他们，就不可能有一个稳固的大后方。

用数年时间解决了戎狄问题后，周人向东发展，开始与商朝的属国直接冲突。周人先后灭了商朝属国耆国、邗国，以及许倬云先生认为乃是"商人在渭河流域的重要据点"的崇国。崇国的国君就是当年向纣王打小报告的告密者崇侯虎。

二是德行感召。当纣王因胡作非为且不听忠谏而名声日坏时，姬昌却声名日隆，天下都在传颂他的德行。史料记载，当时，周的邻居中有两个小国，一个叫虞国，一个叫芮国。两个小国因边疆上的土地之争闹得不可开交，于是决定找姬昌评理。当他们前去拜访姬昌时，在周国境内，发现周人无论贵族还是农夫，没有一个不温和谦让。两位国君又羞愧又感动，也不再争抢有争议的土地了。

这件事，无论是姬昌串通两个小国国君的表演还是史有其事，一个不争的事实是，姬昌的声望更高了，不少诸侯都弃商投周。大概也就在此时，姬昌不再满足于做商朝的西伯，而是自立为王。

"既伐于崇，作邑于丰"，消灭了崇国之后，周文王把周人的都城从周原迁到了更东的丰邑。商周进入了决战前夜。

就在迁都次年，周文王去世，他的儿子姬发即位，这就是我们熟知的周武王。

第二十三章　东征与分封

我徂东山，慆（tāo）慆不归。
我来自东，零雨其蒙。
我东曰归，我心西悲。

——《诗经·东山》

1

这是一个悲欣交集的战士。

远离家乡，告别亲人，随着大军征讨东方。三年过去了，当年一同出征的战友，或死或伤，只有他，毫发无损地活了下来。

更重要的是，敌人被彻底击败了，他终于有机会从战场上活着回家。

一路上，他想象着久别的家园：妻子是否因思念自己而哭泣？田园是否因无人耕种而荒芜？

这样的思念，让他伤悲。

然而，毕竟是凯旋，毕竟是回家。他又想起了三年前，加入讨伐大军前夕，他刚娶了年轻漂亮的妻子。新婚宴尔，如糖似蜜。现在，已经踏上了回家的路途，很快就会回到伊人身边，重温往日旧梦……

这个战士的欢乐与哀愁，记录在《诗经·东山》中。

这个战士姓甚名谁？没有人知道。

这个战士参加的是哪一场战争？这个，有记载。

西汉学者毛亨和毛苌（cháng）叔侄俩在《毛诗序》中说："《东山》，周公东征也。周公东征，三年而归。"

周公是谁呢？

周公就是周文王的儿子，周武王的弟弟，姓姬名旦。因其采邑在周，故而称为周公。

周公塑像

作为周朝最重要的人物，周公的所作所为，不仅奠定了周朝800年天下的基础——周朝是中国历史上延续时间最长的王朝；甚至，对整个中国史，包括对当今中国人，他的深远影响一直都还存在，一直都还在起着潜移默化的作用，成为中国人民族性格与文化性格中的一部分。

2

纵观中国史，几乎每一个王朝都会在建国初期遭遇"瓶颈"。如果不能顺利度过"瓶颈"期，就会很快走向灭亡之路，从而成为其兴也勃、其亡也忽的典型。比如秦朝和隋朝,崛起时异常强大,垮台时异常迅速。反之,就会迎来较长时间的太平与稳定。比如汉朝和明朝,比如更早的周朝。

周朝的"瓶颈"期来得比汉朝和明朝都早,因为,它的开国君主周武王的在位时间实在太短——在灭商两年后,周武王就去世了,继承王位的,是他年幼的儿子,也就是后世所称的周成王。

周武王临终前,曾担心儿子太小,无法治理天下,想把王位传给周公。周公十分惶恐,泪流满面,坚辞不受。其间,他还设坛祭天,祈祷上天答应让他代替哥哥去死。他的祷告文字,收藏在一只青铜盒子里。此事只有他身边极少的人知道。

周武王灭商后,为了笼络人心,把商朝王都及周边的商人,交给了纣王的儿子武庚管理,同时,又把自己的弟弟管叔、蔡叔和霍叔分封到商人周边,对商人进行监视,称为三监(另一种说法则认为,三监是指周武王的两个弟弟管叔和蔡叔,以及纣王之子武庚,由他们三人共同治理原来的商王都及周边地区。但从当时的实际情况来分析,这一说法似不太符合史实)。

周武王死后,周公被推到了风口浪尖上——他担心刚刚被征服的包括商人在内的众多诸侯会叛周,就"践阼代成王,摄行政当国",也就是摄政称王。名义上,年幼的成王自然还是周天子,但事实上,军国大事全由摄政的周公处置。至于周成王到底有多年幼,历代史家有不同说法。有的说13岁,有的说还在襁褓中。

周公自认为这种做法乃是出于公心,而非争权;然而,在别人,尤其是在那些别有用心的人看来,周公此举背叛了刚刚死去的哥哥，他完全有可能为了王位而废掉乃至杀死侄儿。

所以，唐代诗人白居易在诗里感叹：周公恐惧流言日，王莽谦恭未篡时。向使当初身便死，一生真伪复谁知？——周公害怕流言蜚语的日子，王莽篡位之前毕恭毕敬。假如他们当时就死了，没有后来那些举动，他们一生的真伪，又有谁辨得清呢？

果然，周公的行为不仅引起了广泛议论，还令他的哥哥管叔和弟弟蔡叔尤其不满。他们散布流言，甚至与武庚勾结，发动叛乱。叛乱既起，东方的一些小国也跟着起兵，一时间，天下汹汹，兵戈四起，刚刚建立的周朝大有毁于一旦的危险。

临危不乱的周公显出了一个杰出政治家的才干。他首先与另一个辅政的重臣召公以及元老吕尚沟通，表明自己绝无取代成王的野心，取得了他们的信任；接着，他又向王室及朝中官员和方国诸侯阐明自己的态度。他认为，面对气势汹汹的叛乱，必须予以征伐，这样才能完成先王未竟的事业。

对周公的这些行动，史书用了八个字来总结："内弭父兄，外抚诸侯。"

然后，周公决定率军东征。这一去，就是三年。

第一年，叛乱的势头被遏制；第二年，带头作乱的三监被击败，武庚和管叔被处死，蔡叔被流放；第三年，打败或是消灭了参与叛乱的众多东方小国。

周公东征获胜，对刚刚建立的周朝有着极其重要的意义。周武王虽然克商，但周人除了原有土地外，只占领了商人的王畿以及南边一部分，新增加的疆域相当于今天的河南中部和北部、河北东南、山西南部及山东东部。除此之外，其他广大地区或为商朝遗民占有，或为其他支持或同情商朝的方国占有。

周公东征，彻底击败了商朝遗民，并把东夷的许多方国和部落纳入了周朝的直接管辖之中，周的势力，至此东及于海。

周人这个黄土地上躬耕垄亩的民族，第一次看到了蔚蓝的大海。

3

在一些地方，人们批评某人脑袋僵化顽固或迷信的时候，总爱说他"很封建"。同时，学界又把自先秦到1840年之间这段两千多年的中国历史，称为封建社会。

然而，事实上，封建的原意并非如此。

就原意而言，封是指封国土，建是指建诸侯；封建，也就是君主把爵位、土地分赐给亲戚或大臣，让他们在封定的区域内建立邦国。《左传》即说："昔周公吊二叔之不咸，故封建亲戚，以蕃屏周。"

如果就封建的原始意义而言，中国的封建时代仅有周朝一代而已，到了秦始皇统一中国，废封建，置郡县，从此完全的封建制度就不再存在了（汉初曾实行分封与郡县并存，但只是一个过渡；西晋和明初也有过分封，但与周朝的封建已不可同日而语）。

周朝的分封始于周文王。我国历史学家杨宽先生的《西周史》认为，周文王开始重视在王畿内用分封制扩展周人占有的土地和扩张势力。周武王灭商之后，为了稳定人口数量超过周人的商人，首先，他将纣王的儿子武庚封于殷；其次，他把先代君王的后裔也做了相应安排，以取得更为广泛的支持——黄帝的后裔被封到祝国，神农的后裔被封到焦国，大尧的后裔被封到蓟国，大舜的后裔被封到陈国，大禹的后裔被封到杞国。

不过，更为广泛或者说更具周朝特色的分封发生于周公东征胜利之后的周成王以及周成王的儿子周康王时期，史称成康大分封。

商朝时，商王统治天下的办法，是自己直接管理王都及周边土地，这些地方称为王畿或京畿；王畿以外的地区，则让名义上臣服于中央的诸侯或地方族群自治管理。这种管理办法，在商人势力强大时能够正常运转；一旦商人势力衰弱，就会有新兴的诸侯起来取而代之。

成康大分封的原则是宗法。所谓宗法，又称宗法制，是中国古代社会血缘关系的基本原则，其主要内容是嫡长子继承制。我们前面讲过，商朝前期，曾普遍实行兄终弟及制，到了商朝后期，慢慢向嫡长子继承制过渡。

把嫡长子继承制作为铁的原则，作为一种制度，则是从周朝开始，并一直沿袭到清朝末年的。

王国维曾经断言："欲观周之所以定天下，必自其制度始矣。周人制度之大异于商者，一曰立子立嫡之制，由是而生宗法及丧服之制，并由是而有封建子弟之制，君天子臣诸侯之制。"

周王的儿子中，嫡长子继承王位为周天子，庶子分封出去，成为诸侯；诸侯的嫡长子继位为诸位，庶子分封出去，成为大夫；大夫的嫡长子继位为大夫，庶子分封出去，成为士。士是贵族的最底层，不再分封。

这样，每一代周王都是嫡长子，称为大宗，其他诸侯则为小宗；在诸侯国内，这些小宗的嫡长子，又相应成为诸侯国中的大宗，并有相对应的小宗；直到大夫，以此类推。

大宗和小宗之间，既是血缘宗法上的嫡庶大小关系，又是政治上的君臣上下关系。

就国家层面而言，周天子是普天之下最尊贵、权力最大的人，其下的诸侯对他效忠；诸侯之君在各自的封国里，是最尊贵、权力最大的人，其下的大夫对他效忠；大夫在各自的采邑里，是最尊贵、权力最大的人，其下的士对他效忠。

就宗族层面而言，各个小宗听命于大宗，有向大宗效忠的义务；从士到大夫到诸侯再到王室，最大的大宗是周天子，大宗既是宗族长子又是君主。故此，学者认为："由宗法所封建的国家，与周王室的关系，一面是君臣，另一面是兄弟伯叔甥舅。而在其基本意义上，伯叔兄弟甥舅的观念，重于君臣的观念。"

这样，无论是国家层面还是宗族层面，都是一个金字塔结构，金字塔的顶端都是周天子。

这种分封制度，也就使得家国同构，族权与王权相结合，周公希望用它来增强国家的凝聚力，并最终形成"普天之下，莫非王土；率土之滨，莫非王臣"的局面。

4

《荀子》说,周公"兼制天下,立七十一国,姬姓独居五十三人焉"。又说,"周之子孙,苟不狂惑者,莫不为天下显诸侯"。意思是说,姬姓王室的子孙,只要不是脑袋有问题,没有一个不被分封为诸侯的。

据《左传》所载,先后受封的卫、蔡、郕(Chéng)、霍、毛、郜、曹、毕、原、郇(Xún)、雍、滕等国是周文王的后裔;邢、晋、应、韩等国是周武王的后裔;蒋、邢、茅、鲁、胙(zuò)、祭等国是周公姬旦的后裔。此外,姬姓之国还有息、随、贾、沈、密、郑、滑、樊、芮、虢等国。

七十一个封国中,姬姓有五十三国,占了四分之三左右。另外的四分之一,则分封与功臣和臣服者。

西周之初,最主要的封国有这些。

卫。周武王的弟弟康叔的封国。都朝歌(今河南淇县)。卫国乃商人旧地,在各封国中封地最广,也最为重要。在康叔赴封国时,周公专门作了一篇《酒诰》告诫他。

燕。召公姬奭(shì)的封国。都蓟(今北京)。周初的燕国统治今天的河北北部和辽宁南部,是周朝北部边疆的屏障。

鲁。周公姬旦的长子伯禽的封国。都奄(今山东曲阜)。奄曾经是商朝的一个方国,三监作乱时,奄也跟着叛乱。所以,鲁国不仅疆域在奄国旧地,而且还负有监视和震慑奄人的职责。

晋。周成王之弟叔虞的封国。都唐(今山西翼城境内)。最初称为唐，后来改名晋。晋地历来戎狄杂居，晋国负有阻挡戎狄南下的职责。

齐。开国元勋太公吕望的封国，都营丘（今山东临淄）。齐国建立在商朝残余势力蒲姑的地盘上，与鲁国互为呼应。

宋。微子启的封国，都商丘（今河南商丘），是商人的老根据地。通过分封，商人势力被进一步切割、压缩，宋国中有一部分，卫国中有一部分，还有一部分迁到洛邑。从此失去了反抗能力。

这些被周天子分封的诸侯，相互之间地位平等，谁也管不了谁，都直属于周天子。不过，封国的面积有区别，国君的爵位也有高低。

爵位是周朝的发明，一共分为五级：公、侯、伯、子、男。大概由于封为侯爵的数量最多，故当时总称所有的封国君主为诸侯，即许多侯之意。五级之下，还有另一级不入流的，称为附庸。附庸属于邻近的较大的封国，周天子并不直接领导。

各个级别的封国的疆域大小，最初都有规定。《孟子》中说："公侯皆方百里，伯七十里，子男五十里，凡四等。不能五十里，不达于天子，附于诸侯，曰附庸。"

就是说，公国和侯国的面积方圆约一百里；伯国的面积方圆约七十里，子国和男国的面积方圆约五十里，至于附庸，则小于五十里。

以我们今天的视角去观察，周朝的分封制，更像是由周天子派出代理人，到各地进行统治。

受封的诸侯来到各自的封地后，首先要建一座城堡作为军事据点，称为城，也称为国。城外的土地称为野，又称为乡。住在城里的人称为国人，住在城外的则称为野人。

周天子既是各诸侯的宗长（对姬姓诸侯而言），同时又是各诸侯的君主，诸侯对周王宣誓效忠，按期到王城纳贡朝拜。王室如遇战事，诸侯必须勤王；王畿如遇灾荒，诸侯则有救济的义务。除此之外，周王对各诸侯的国内事务几乎不会干涉，悉由各诸侯的君主自行处理。

然而，随着时间的推移，周王室势力日渐衰落，诸侯通过大鱼吃小鱼、小鱼吃虾米式的兼并而坐大，不再把周天子放在眼里，纳贡朝拜也就成为一纸空文。到了后来，周天子的地位一落千丈，甚至还不如一个中等的诸侯实力强大。

第二十四章　周公与周礼

周监于二代，郁郁乎文哉。吾从周。

——孔子

1

晚年的孔子曾为很久没有梦见一个人而懊恼。

这个人与他非亲非故，甚至，他们连面也没见过。他和他之间，隔着500多年的迢遥时光。

但是，这个500多年前的古人，一直是孔子心中最神圣的偶像。后人将孔子尊为圣人，将孟子尊为亚圣，而孔子很久没有梦见的这个人，则被尊为元圣——元者，开始也。

生活于春秋时期的孔子，自认处于一个礼崩乐坏的时代，他一生极力倡导"克己复礼"。

他要复的是什么礼呢？

就是周礼。

孔子曾经说过，周监于二代，郁郁乎文哉。吾从周。（周礼借鉴了夏礼和商礼，并在此基础上演变发展而成，多么丰富完备啊。我遵从周礼。）

孔子希望经常在梦中与之相见的那个人，就是周礼的创制者，即我们前面一再说及的姬旦，也就是周公旦，人们总是尊称他为周公。

汉代思想家贾谊在叙述"成王承嗣"时说:"文王有大德而功未就,武王有大功而治未成。"有学者在接续议论时评价道:"周公集大德大功大治于一身。孔子之前,黄帝之后,于中国有大关系者,周公一人而已。"

2

武王克商以后,作为武王重要助手和武王之后成王初年实际上的决策者,周公一直在思考一个问题,那就是原本强盛一时的大邑商,为什么会被弱小而偏僻的小邦周所取代?小邦周既已从商朝手中夺取了天下,又该怎么做,才能避免重蹈商朝的覆辙?

不论商人还是周人,都相信天命。比如纣王在位时期,哪怕明知天下诸侯对他的统治越来越不满,可他仍然满不在乎地认为,天命在他,他就会永远当王。

周人也相信天命,但殷商的灭亡,让他们意识到,天命并不是固定不变的,而是要随着时势而转移。转移的基点是德,即天命以人心向背为根据,以此决定王权的兴衰更替,而人心的向背又取决于统治者的德。

为此,周公提出的对应之策是敬德保民。一方面,将商人的重鬼神转移到重人事之上;另一方面,也是更重要的,用礼乐制度来表现和巩固周人的德。

周礼是德的外在表现,是各级贵族的行为规范,因而它的范围仅限于贵族,所以有句俗话叫"刑不上大夫,礼不下庶人",意思是说,一般情况下,不会对贵族施以有损其尊严的肉刑,也不会苛求平民严格执行礼的规定。

礼的目的,是用来调节统治者内部秩序和关系的一整套手段、方法,是要通过礼来让每一个人清楚自己的身份和地位,安分守己,不逾矩,不失礼,不做和自己的身份地位不相称的事情,这样,社会就能长期稳定。

3

诸侯之中,鲁国是周公姬旦的长子伯禽的封地,一向被认为是最地道的礼仪之邦。

鲁隐公是鲁国的第十四任国君,孔子后来作《春秋》,其叙事就起于鲁隐公元年,也就是公元前722年。

作为周公的第八世孙,鲁隐公在国君位上乏善可陈,没有什么了不起的政绩。他被写进《春秋》,被后人记住的是两桩小事。——或者说,我们现在看来是小事,但在《春秋》的作者孔子看来,却是大事。

因为,鲁隐公不讲礼,违反了周公创制的周礼。

第一桩叫作"矢鱼于棠"。鲁隐公五年春天,鲁隐公不顾一群臣子的劝阻,非要跑到一个叫棠的地方去看捕鱼。这在今天看来,似乎是一件无足轻重的小事。但在"国之大事,在祀与戎"的背景下,按周礼,只有祭祀和打仗才是君主需要亲自参与的,至于观看捕鱼这种事情，不仅是不务正业的表现，更重要的是，它有违礼制。

鲁隐公面对臣子的劝阻，假意说"我将略地焉"——我是要去视察工作。

臣子之一的臧僖伯眼见劝阻无效，就请病假，不陪鲁隐公前往棠。

第二桩叫作"始用六佾（yì）"，也称"初献六羽"。佾，是指古代乐舞的行列，一佾就是一列。按周礼规定，天子用八佾之舞，三公用六佾之舞，诸侯用四佾之舞，卿士用二佾之舞。

鲁隐公是诸侯，按规定，只能用四佾之舞，但在观看捕鱼那年秋天，他首先以诸侯的身份用了六佾之舞。对此，孔子在《春秋》时含蓄地批评他"初献六羽，始用六佾也"。

如果说鲁隐公这两件事情虽然有违礼制，但还不算十分严重的话。在鲁隐公之后两百年的孔子时期，发生在鲁国的另一桩不讲礼的事件，则让孔子发出了"是可忍，孰不可忍"的悲愤之叹。

当时，鲁国三桓之一的季桓子当权，在家庙里，竟然用了八佾之舞。季桓子的地位是大夫，按礼，只能用四佾，而八佾是周天子才有资格用的。这是一种非常严重的失礼和僭越。

正因为这些严重的失礼和僭越，使孔子自认生活于一个礼崩乐坏的时代——周公当年创制的礼乐，正在不可挽回地崩坏。孔子最大的梦想，就是恢复周礼，回到周公时代。

那么，周公创制的礼乐，到底包括哪些具体内容呢？下面，我们简单讲一讲。

4

先说礼。

周礼号称"经礼三百,曲礼三千",礼仪可谓烦琐复杂。人们常把这些礼仪归纳为五礼:祭祀之事为吉礼,丧葬之事为凶礼,交际之事为宾礼,兵戎之事为军礼,冠婚之事为嘉礼。

吉、凶、宾、军、嘉五大类礼仪下,又有更为复杂的小类。总之,可以说,当时上自天子,中到诸侯,下到卿士,整个贵族阶层从降生到死亡,每一件事,都要遵守不同的礼仪,被不同的礼仪约束。这些礼仪的核心,就是等级制度,即让每一个人都遵循等级的规定。

比如,就都城规模而言,天子都城方九里,有十二座城门,宫城方三里,有五座城门;诸侯都城方七里,宫城城门三座;大夫采邑方五里,内城门两座。

比如,就宗庙而言,天子七庙六寝;诸侯五庙三寝;大夫三庙;士一庙;庶人无庙。

比如,就死后的陪葬品来说,天子陪葬车九辆,诸侯七辆,大夫五辆,士无车;天子棺椁七重,诸侯五重,大夫三重,士两重;天子五棺二椁,诸侯四棺一椁,大夫二棺一椁,士一棺一椁。

比如,就宾礼中的饮宴而言,当时,贵族之间的宴席上,不仅主人和客人有一套座次、用具上的礼仪,席间,双方还要诵诗。当然,诗歌不是现场创作,而是沿用古人作品,而沿用的作品,须与饮宴的具体情况吻合得体。否则,就会被人认为失礼。

鲁文公是鲁国第十九任国君，生活于公元前7世纪初叶。有一年，卫国大夫宁武子出使鲁国，鲁文公设国宴款待他。按周礼，这种重要的外交场合，一定会诵诗，而诵诗，一般由主人发起。很多不能明说或不便明说的内容，就通过诗来含蓄地表达。这就叫诗言志。所以，孔子在教导他的儿子时曾说过："不学《诗》，无以言。"——不好好学习《诗》，你出席正式场合时，连话都没法说。

令宁武子意外的是，鲁文公令乐工们献上的两首诗分别是《湛露》和《彤弓》。宁武子虽然意外，但脸色平静。听完之后，既没有表示感谢，也没有按礼诵诗回应。这一下，轮到鲁文公意外了：难道宁武子是一个不知礼的人吗？

宴会结束后，鲁文公实在忍不住，就派手下人悄悄去问宁武子。

宁武子假装惊讶地说，那两首诗是为我吟诵的吗？我还以为是乐工们在练习呢。接着，他说，过去，正月时，诸侯去王都朝见周天子，周天子就会令乐工吟诵《湛露》；周天子令诸侯讨伐敌人，得胜归来，周天子就会赐给诸侯红色的弓一张、红色的箭一百支，并吟诵《彤弓》。

最后，他总结说："今陪臣来继旧好，君辱贶（kuàng）之，其敢干大礼以自取戾。"大意是说，我现在只是一个外交人员，来到贵国是为延续鲁国和卫国的友好关系，承蒙鲁君赐宴款待已属高看，怎么敢僭越大礼以致自招罪过呢？

鲁文公的手下回去一汇报，鲁文公这才恍然大悟，失礼的不是人家宁武子,而是自己。鲁国原本是礼仪之邦,对礼都已如此生疏,遑论他国。

我们再讲一个恰到好处地运用诗歌来进行外交的故事。

春秋五霸之一的晋文公重耳,在当上晋国国君前,曾为逃避迫害在外流亡了长达19年,遭遇了不少冷眼。有一年,秦穆公将他接到秦国,并有意支持他回国夺取君位。

在送别重耳的宴席上,秦穆公命乐工吟诵了一首诗——《采菽》。

重耳手下的臣子赵衰是一个精通礼乐的人,他听了乐工的吟诵,忙告诉重耳,要他从大堂上走到台阶下,向秦穆公行礼,表示感谢。

因为,赵衰听懂了《采菽》:

> 采菽采菽,筐之筥(jǔ)之。
> 君子来朝,何锡予之?
> 虽无予之,路车乘马。
> 又何予之,玄衮及黼(fǔ)。

大意是:
采摘鲜嫩的豆叶啊,用方筐和圆筐将它盛;
诸侯远道来朝见,我用什么作馈赠?
虽无厚礼可出手,四马辂车请他乘。
还有什么可相送?黑色龙袍已织成。

秦穆公令乐工吟诵这首诗，用意很明显，就是表达对重耳的敬重，同时还暗示会帮助落难中的重耳。重耳如果听不懂，秦穆公就是对牛弹琴。

按周礼，主人诵诗之后，轮到客人答谢了。赵衰就让重耳吟诵了一首《黍苗》：

芃（péng）芃黍苗，阴雨膏之。
悠悠南行，召伯劳之。

这首诗，本是周宣王时召伯（不是辅助周成王那个召伯，而是他的后人）带领官兵建筑城池，城池完工后，官兵希望尽早回家而唱来赞美召公的。大意是：

黍苗长得真茂盛，阴雨滋润苗青青。
南下征程路遥遥，召伯慰劳有真情。

重耳借此诗，把秦穆公比作滋润黍苗的甘霖和民众热爱的召公，可以说是非常贴切，并且，还把自己希望得到秦穆公的帮助，回到晋国继承君位的心愿也含蓄地表达出来。

秦穆公听了，回了一首《六月》：

六月栖栖，戎车既饬。
四牡骙（kuí）骙，载是常服。
猃狁（Xiǎnyǔn）孔炽，我是用急。
王于出征，以匡王国。

大意是：

六月出兵奔走忙，整好战车上疆场。

四匹雄马肥又壮，军用装备车上装。

猃狁气焰太嚣张，我军急行去打仗。

大王号令去征讨，拯救国家保君王。

这一次，赵衰听了，忙告诉重耳要行跪拜大礼。为什么呢？

这首诗本是赞美周宣王时代，大臣尹吉甫率军北伐猃狁的。秦穆公用来暗示，他将会派军队护送重耳回晋国。这对流亡的重耳而言，无疑再造之恩，当然得行大礼。

通过这次国宴上宾主双方的诗歌吟诵，我们可以肯定地说，如果生活在周朝，不懂礼乐，的确无法进行正式的交流。

5

再说乐。

礼乐向来并称，乐也是周礼的组成部分。

事实上，贵族生活中，不论五礼中的哪一礼，都要用乐。当然，不同的场合、不同的等级，所用之乐，不论乐队的规格还是音乐的内容，都有严格的规定。

正因为礼乐重要，所以周代的贵族教育中，要求学生必须掌握六种基本技能，排在最前面的便是礼和乐，之后则是射（射箭）、御（驾车）、书（识字）和数（计算）。

不同等级的贵族，在用乐时有不同规定。按汉代学者郑玄的解释，周天子所用乐队人数最多，规模最庞大，其乐队占据活动场地的四面；诸侯次之，乐队占据活动场地的三面；卿大夫再次之，乐队占据活动场地的两面；士最低，只有一面。

不同的场合，所用的音乐随之变化，不能混淆。比如祭祀天神时，"乃奏黄钟，歌大吕，舞云门"。黄钟是我国古代音乐十二律中六种阳律的第一律（又说为一种大型打击乐），大吕是我国古代音乐十二律中六种阴律的第一律。后世用黄钟大吕来形容音乐庄严、正大、和谐。

总而言之，礼追求稳定与秩序，乐讲究和谐及协调。周公制礼作乐，不仅使整个社会由巫术走向礼治，同时也让中华民族进入了礼乐文明时代。我们今天常常自豪地宣称我们是礼仪之邦，很大程度上，便源自周公和他的周礼。

6

今天，我们在查阅有关周朝的史料时，常常会看到两个词语，一个是宗周，一个是成周。它们是什么意思呢？

宗周和成周，其实都是地名，或者说，都是周朝的首都。

宗周，是指周朝——周朝又分为西周和东周——西周时期的丰京和镐（Hào）京地区。周文王时期，将王城从岐山之下迁至沣水西岸，修筑丰京。这是中国历史上第一座以"京"命名的城市。周武王时，又在沣水东岸建立了镐京。隔河相望的两京并称丰镐，其中，丰京是周朝宗庙和园林所在地，镐京则为王宫和行

文明的曙光

丰镐遗址

政中心。丰镐二京合在一起，即为宗周。

宗周的旧址，在今天的陕西西安市区西部的沣河两岸。在一片民居中间，还竖立着一块已经斑驳的石碑——丰镐遗址。

周武王灭商后，已经意识到一个问题，那就是作为一个大国的首都，宗周距离中原地区太远，不便于统治广大的中原和东部地区。为此，周武王忧心忡忡，终日思考如何解决这一问题。

这时，他想起了宗周以东的一片土地。

洛河是黄河的一级支流，发源于陕西，向东流淌进入河南。它在接纳了支流伊河后，称为伊洛河，于河南巩义境内注入黄河。

古人把山南水北称为阳，洛河北岸的城市洛阳，即由此得名。洛河流经的洛阳盆地中部，便是由洛河与伊河冲积而成的肥沃平原。

从今人的角度看，洛阳盆地具有许多重要的过渡性特征——它是第二级阶梯和第三级阶梯的过渡带，也是亚热带向暖温带的过渡带，同时还是粟作农业和稻作农业的过渡带。

周武王在挥师灭商时，曾从洛阳盆地经过，并对这里留下了深刻的印象。因此，他打算在洛河以北修建一座新城，作为东都。这就是周朝对后来的成周最早的谋划。

不过，周武王还未来得及实施这一规划就去世了。此后，周公东征，更加意识到中原地区的重要性，在他摄政的第五年，营建成周终于提上了日程。

古籍里相当详细地记载了营建成周的经过。

这年三月初五，召公，也就是担任太保的姬奭首先来到洛邑地区卜宅，即占卜在这里建城是否吉利。占卜的结果是吉。初七，召公召集了此前迁到这里的一些殷商遗民，让他们整治地基。五天后，地基完成，周公也于这一天来到成周视察。十四和十五两天，分别举行了隆重的祭祀仪式，一场称为郊祭，即祭天；一场称为社祭，即祭地。前者的祭品是两头牛，后者的祭品是一头牛、一只羊和一头猪。

三月二十一，周公召集殷商贵族各级首领，向他们发布命令，安排他们各自带着殷商遗民进行修建工作。所以，成周事实上是以商朝遗民为主修建起来的。

大约就在这一年年底，成周建成了。

瀍（Chán）河是洛河的支流，洛河自西向东流淌，瀍河自北向南而来。

成周就横跨瀍河东西两岸，并由两部分组成。西边是一座小城，就叫城，后来，因是王宫所在，又称王城；东边是一座大城，叫郭，也就是郭，是民居和军队屯驻之地。王城方圆九里，大郭布局于瀍河两岸，方圆七十里。

成周建成后，周公将象征天下和王权的九鼎搬迁于此，并在大郭驻扎重兵，称为成周八师。

成周的建成，对西周的统治有着极为重要的意义。其中最重要的一点是从那以后，东西两都并立，两都的京畿地区连成一片，周朝的统治重心由西向东迁移，巩固了全国的统一。成周因为地理位置的得天独厚——"此天下之中，四方入贡道里均"，从而一举跃升为全国的经济中心。

成周这个名字，充分说明了这座新兴之城对周朝的意义："名为成周者，周道始成，王所都也。"西汉贾谊认为，"文王有大德而功未就，武王有大功而治未成"，"及成王承嗣"，才终于"有成"，所以，周成王号为成王，而新建的东都号为成周。

7

有一种说法是，少年时的周成王对自己的叔父周公一度有过怀疑，担心周公不但会大权独揽，甚至还会把自己从王位上赶下去。周公不得不离开镐京。不久，周成王听人说当年周武王病重时，周公曾经向上天祈祷，并将祷词放在一只青铜盒子里。他找到了这只盒子并打开它——于是，他看到了周公希望代替周武王去死的祷词。

周成王非常感动，知道自己错怪了叔父。从那以后，叔侄之间尽释前嫌，周王朝的大政方针，都由周公最后决断。

但是，五年之后（《史记》认为是七年之后，但经王国维和杨宽等人考订，应为五年之后），周公看到周成王已经渐渐长大成人，就毅然决然地把权力还给了周成王。

三年后，周公去世。按他的遗嘱，他希望安葬于成周。但是，周成王把他和自己的祖父周文王、父亲周武王安葬在了一起，他用此举表明，他不敢把功高日月的叔父当作自己的臣子。同时，他还下令，让周公的儿子伯禽在鲁国以天子的礼乐来祭祀周公。

不仅对于周朝，对于整个中华文明史，周公都是一个极为重要的人物。

今天，在陕西岐山县的凤凰山麓，一座气势恢宏的周公庙依然香火鼎盛，千秋万代的后人都铭记着这位杰出的先贤。

第二十五章 青铜时代

既然青铜没有普遍地使用于农具，青铜时代便不是由于生产技术的革命而造成的。

——张光直

1

位于武汉市区的湖北省博物馆里，珍藏着一件堪称国宝的国家一级文物。这文物，自出土后，便被誉为"天下第一剑"；又因其剑身上的铭文，表明它的主人乃是春秋时越国国君勾践，因而命名为越王勾践剑。

越王勾践剑从黄土下重见天日，已经过去50多个年头了。

那是1965年冬，当时的湖北江陵县遭遇了两年大旱。为此，当地政府组织民工，整修一条从漳河引水的水渠。

整修过程中，人们发现其中一段土层看上去与众不同，土质疏松，似乎被人为挖动过。考古工作者闻讯赶来，很快发现地下有古代墓葬。经初步勘探，墓葬达50余座，其年代，属春秋时的楚国。后来，这一墓葬群被命名为望山楚墓。望山楚墓的其中一座墓中，考古工作者在墓主人内棺尸首骨架的左侧，找到一把带有漆木剑鞘的宝剑。

当考古工作者把剑从剑鞘里拔出来时，周围的人都感觉到了它的寒光。接下来，一名工作人员在清洁剑身时，一不小心，锋利的剑刃将他的手指划破，顿时鲜血直流。为了测试剑的锋利程度，工作人员挥剑劈出，一剑就划破了16层白纸。

这是一件制作精美的武器。剑长55.7厘米，柄长8.4厘米，剑宽4.6厘米，剑首外翻成圆箍形，内铸有间隔仅0.2毫米、肉眼看上去都显得吃力的11道同心圆，剑身上布满了规则的黑色菱形暗格花纹，剑格正面镶有蓝色琉璃，背面镶有名贵的绿松石。

在剑身正面近剑格处，有两行鸟篆铭文：越王鸠浅　自作用剑。经专家解读，其意为：越王勾践自作用剑。

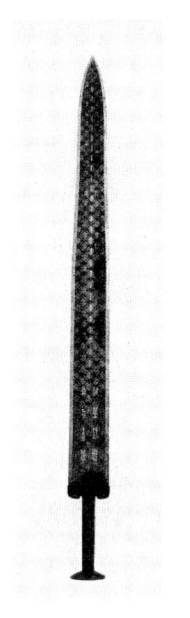

湖北省博物馆的越王勾践剑

专家们用无损的方法，对剑进行了检测，结果发现，剑身的主要材料为铜合金。其中，含铜量约为83%，含锡量约为17%。也就是说，它是一把标准的青铜剑。

2

在前面的章节里，我们已经多次提到过青铜器。那么，到底什么样的东西能被称为青铜器呢？

所谓青铜，就是红铜（纯铜呈红色）与锡或铅等金属的合金，它的熔点比红铜低（红铜的熔点为1083℃，青铜的熔点在

700℃至900℃之间），但硬度比红铜高，且具有更好的铸造性。

这种合金在遭到长时间的腐蚀后，其表面会形成大量青绿色的锈，因而得名青铜。由青铜制成的器具，统称为青铜器。

不过，在制造青铜器的古人那里，他们并不知道什么是青铜器——他们看到这种合金在腐蚀前金光闪闪，把它称为金或是吉金。

人类技术发展史上，大量使用青铜器的时代，就称为青铜时代。

青铜时代这个说法，来源于丹麦学者克里斯蒂安·约根森·汤姆森，他按照古人使用的主要工具划分考古阶段，提出了三期论，将人类古代社会划分为石器时代、青铜时代和铁器时代。其中，青铜时代就是"以红铜或青铜制成武器和切割器"的时代。

从全球范围看，目前考古发现最早的铜制品在两河流域，不过，那是用自然铜制造的装饰品，距今超过10000年。

最初，远古人类在用火时，偶然地把一些含有丰富铜矿的石头放到了火中，经过烈火灼烧，石头被烧成了一些红色光亮的珠粒。铜就这样被人类发现了。不过，由于自然铜质地较软并且产量也不多，人们只是用它来制作装饰品和工艺品。

后来，人们进一步发现，如果往铜里加入一些其他金属，铜就会变得更加坚硬。青铜就诞生了。

人类进入青铜时代，大约从公元前4000年至公元初年。相当于从距今约6000年到距今约2000年这一漫长的时段。其中，最早进入青铜时代的是两河流域,大约在公元前4000年;印度和埃及大约在公元前3000年也进入了青铜时代。

与之相比,中国的青铜时代来得更晚一些。——当然,最晚的是美洲。直到11世纪,也就是相当于我国的北宋时期,美洲才出现了冶铜中心。

在我国仰韶文化时期的陕西姜寨遗址,以及龙山文化时期的山东三里河遗址,都出土过小铜片,但考古界倾向于认为,这些铜片采自自然铜,而非青铜。

中国的青铜时代以大量使用青铜礼器和兵器为特征,与西方学者关于青铜时代的特征及标志有所不同。学者朱凤瀚认为,中国青铜时代始于考古学上的二里头时期,终结于战国早期,经历了夏、商、西周和东周的春秋时代,历时约1500年。其中,晚商和西周早期,青铜的冶铸达到了高峰。

因此,晚商和西周,是中国最典型的青铜时代。

3

中国的青铜器主要有两大类,即礼器和兵器。这符合古人所认定的"国之大事,在祀与戎"的观点。考古学家张光直认为:"中国青铜时代的最大的特征,在于青铜的使用是与祭祀和战争分不开的。换言之,青铜便是政治的权力。"

因此,不论在夏人还是在商人或周人眼里,青铜器都不仅是一种具有实用价值的器具,而是被赋予了更为神圣的意义。

文明的曙光

青铜礼器又称彝器。彝的本意是常,常规。什么东西属于常规的呢?即青铜的鼎与钟,二者都是宗庙里常备的礼器。

鼎是最具代表性的青铜器,也是礼器中最引人注目的。我们前面讲过,大禹曾经铸了九只鼎,后来成为天下和王权的象征。王朝交替时,新王朝必然会从旧王朝首都,将九鼎搬走,"夏后氏失之,殷人受之;殷人失之,周人受之"。以至于后来演生了一个词语,叫作鼎革,意为王朝变迁。

鼎本身是用来煮肉和盛肉的一种器具,从实用性上讲,相当于一口锅或是一只盆。后世有一个成语,叫钟鸣鼎食,就是指用鼎做食具,代指公侯之家的生活。

但是,在青铜时代,一个人能够使用多大的鼎和多少只鼎,都有极为严格的规定,那是人们必须讲究的礼法。比如《公羊传》中就记载,以周朝而言,使用鼎的规矩是:天子九鼎、诸侯七鼎、大夫五鼎、士三鼎或一鼎。

也就是说,周王,也就是周天子,作为天下级别最高贵、最尊崇的唯一一人,他可以用九只鼎;诸侯国的国君可以用七只鼎;诸侯国的大夫可以用五只鼎;普通的士只能用三只鼎甚至一只鼎。至于平民百姓,那就连用一只鼎的资格都没有。

孔子曾经感叹,他生活的春秋时期,是一个礼崩乐坏的时代。表现之一就是各个级别的人,不按规定使用礼器。比如明明只是一个大夫,但他的后人给他陪葬的鼎,却使用了诸侯的数量。

春秋时,崛起于南方的楚国因文化落后,一向被中原各国所轻视。到了楚庄王时,国力大振,楚庄王甚至想取代周天子。有一年,楚庄王以征伐戎族为名,一直带领大军追到周朝首都洛邑附近,陈兵于洛水,向周天子示威。周天子有些害怕,就派王孙满做使者前去慰问。楚庄王在与王孙满见面时,很无礼地问九鼎的大小轻重,暗示自己可以夺取周朝的天下。

王孙满不卑不亢地回答说,王朝的存亡,在于德政而不在于鼎。以前大禹有德,天下九州都忠诚于他,向他敬贡吉金,他于是铸成九鼎。等到他的后人夏桀无道昏庸,九鼎于是迁之于商。过了600年,商纣王暴虐,九鼎又迁之于周。君王有德,鼎再轻也不可移;君王失德,鼎再重也可移。如今周德虽然衰落了,但天命并未改变。鼎的轻重,恐怕不是你作为诸侯可以问的吧。

楚庄王碰了个软钉子,只好悻悻退兵。

4

青铜铸造兵器,是一次巨大的技术进步。

与石器时代石制、骨制和木制兵器相比,青铜兵器所向披靡,具有无与伦比的优越性。

从夏朝开始,青铜武器开始大量装备军队,整个青铜时代,最主要的兵器有以下几种。

戈。戈是商、周时期最常见的兵器,以致后世把干戈作为战争的代名词(干指盾牌)。戈又称勾兵,它是一种用来钩杀敌人的武器,由戈头和戈柲(bì)两部分组成。戈头用青铜铸造,戈柲则是一根扁圆的木头,长达六尺多。

戟。戟是戈和刀的合体,既可刺杀也可勾啄。在河北藁城台西村的商代墓中,曾出土了最早的青铜戟。

矛。矛是用于冲刺的兵器。和戈一样,矛也有柲,称为矛柲,有的是木制,也有的是竹制。戈和矛是青铜时代最主要的兵器,因而戈予也常用作武器的代称。如《诗经》中说:"王于兴师,修我戈矛。"

钺。钺就是大斧。它既是兵器,同时还具有礼器的性质,是权力的象征,所以一般国君或统帅才有资格使用。比如在妇好墓中就出土过钺,而妇好生前是一位知名的女统帅。此外,考古工作者还在中山国王的墓中出土过钺。

刀。在青铜剑普及之前,青铜刀曾大量制作并装备。

剑。剑出现在刀之后,可能是在晚商时期。从那以后,剑一直作为冷兵器时代的主角之一活跃于各个时期。如同钺一样,剑既是兵器,同时还具有礼器的性质。春秋时期,佩剑的不同,反映了人们身份的差别。以士阶层的人来说,他们佩剑的重量不等,分为上制、中制、下制,佩带者的身份也相应为上士、中士、下士。

匕首。匕首即短剑,是一种近身杀伤武器,常常用于暗杀和突袭。如专诸刺王僚时,把一柄锋利的匕首藏在一条烤鱼的肚子里,趁着给王僚上菜时,突然从烤鱼里抽出匕首,突袭并成功杀死了王僚。

弩。弩是一种远程杀伤武器,相当于弓的升级版。二者的区别在于,弓是依靠人力拉动后把箭发射出去,人的力量不同,射程不一样，杀伤力也不同；而弩则是用机械装置把箭发射出去，力量相对固定。射程最远的弩，可达200多米。

镞。镞也就是箭头。弓箭发明后，很长时间里，箭头都是用动物骨头或石头来制造，杀伤力较弱。有了青铜之后，青铜制成的箭头威力大增。

甲胄。甲即铠甲，胄即头盔，都是穿戴在战士身上的防护用具。

盾牌。手持的防护用具。

上述这些青铜兵器，在不同时期和不同区域，还产生了许多变种。可以说，人类在掌握了第一种金属——铜——之后，武器的式样开始发展得很快。

整个青铜时代，青铜既是制作祭祀神灵和祖先所用的礼器，用以沟通天地，是建立礼乐制度的必需品，同时又是用来生产各种武器的军工材料，青铜的重要性可想而知。

5

冶炼青铜，最重要的原材料是红铜，因而，铜矿便成为一种能够影响国运的重要的战略物资。

在长江南岸的湖北大冶市境内，有一座小山叫铜绿山。铜绿山及附近的山坡上，生长着一簇簇学名叫海州香薷（rú），俗称铜草花的植物。铜草花是一种全株均可入药的多年生草本植物，秋天，会开出一片片紫色的花朵。

文明的曙光

不过,古人更看重它的,不是它能入药,而是有铜草花开放的地方,下面的大地里,就一定埋藏着铜矿。

摇曳的铜草花,几乎就是缺少现代科技手段的古人寻找铜矿的唯一依据。

20世纪以来,考古工作者在铜绿山上发现了大量各个时期的铜矿遗址,古代工匠为掘取铜矿,开凿了一条条竖井、平巷与盲井。其中最早的遗址,可以追溯到青铜滥觞之际的夏朝早期。

周朝时,占据南方的楚国曾经是地盘最大、战斗力最强的诸侯之一;楚国能从一个级别低下的子国,跃升为天下瞩目的强国,便和铜绿山的铜不无关系。

中国最主要的铜矿几乎都分布在南方,比如铜绿山,比如江西德兴、东乡、贵溪,比如安徽铜陵等。

西周时,为了将这些南方地区的铜矿石源源不断地运往首都,保护一条条铜矿石运输线的畅通,周天子把姬姓王室子弟分封到淮水上游和汉水中游一带,建立了随、唐、蔡、应、息等二十余个封国,它们成犄角之势,统称为汉阳诸姬。

楚国国力渐长后,便开始向北发展,经过了几代人的努力,终于将包括铜绿山在内的铜锡之路控制在自己手中。源源不断的铜矿为制作青铜武器提供了必不可少的原料,楚军因此所向披靡,成为当时军事力量最强大的诸侯国。

青铜的珍贵和诸侯对它的重视,《左传》记载的一个故事能够充分说明:楚成王时期,与楚国交好的郑国国君郑文公前来楚都拜见。临别时,楚成王慷慨地送给郑文公1000斤青铜。没想到的是，当郑文公已经踏上回国之路时，楚成王却派出使者前去追赶。

使者追上郑文公，与郑文公约定：楚国送给郑国的青铜，郑国只能用于铸造礼器，不能用于铸造兵器。

当这些上古的人们，从地下开采出铜矿石，并依据多年来摸索出的经验，在我们今天看来异常简陋的冶炼场，将铜与锡或铅按照一定比例熔化、冷却，铸成一块块沉重的铜锭后，再将铜锭按照需要，铸造成庄严的鼎或是锋利的兵器，一个由一种金属支撑的时代就这样出现在历史的天幕，亘古至今闪烁着光芒。

第二十六章　西周的衰落

八骏日行三万里,

穆王何事不重来。

——李商隐

1

在亚洲中部,有一列高峻的山脉,它西起帕米尔高原,向东进入我国后,横贯新疆、西藏之间,延伸至青海境内,全长超过2500公里,宽130至200公里,平均海拔5500米以上。这就是著名的昆仑山脉。

昆仑山脉不仅是自然地理上的一列重要山脉,在文化地理上,更是有万山之祖和中华龙脉之称。

在中国古代神话系统里,就像希腊神话中居住着众多神祇的奥林匹斯山一样,昆仑山也是神的居所。其中一位最重要的神长着人的脑袋、豹的身子,人们称她为西王母。

在西王母身边,有两只神奇的青鸟随侍,她要驾临之前,青鸟总会先来报信。所以,在诗人的作品里,青鸟象征着传递佳音的使者,如李商隐就写道:蓬山此去无多路,青鸟殷勤为探看。李璟也有名句:青鸟不传云外信,丁香空结雨中愁。

据说,有一年,西王母在昆仑山上接待了一位重要客人。这

气象万千的昆仑山脉,传说周穆王曾到达这里

位客人不是神,而是人间的王者。他就是周穆王,即西周第五任君主姬满。

相传,周穆王有个驾车的御者叫造父,造父驾车手段十分高明,同时也是能辨认骏马的伯乐。他从夸父山上获得了八匹野马,并把它们调教成了一流的骏马,这八匹骏马分别是——赤骥,就是火红色的马;盗骊,就是纯黑色的马;白义,就是纯白色的马;逾轮,就是青紫色的马;山子,就是灰白色的马;渠黄,就是淡黄色的马;华骝,就是黑鬃黑尾巴的红马;绿耳,就是深黄色的马。

周穆王云游天下时,就坐着由造父驾驭的八骏拉动的马车,一路向西,他在昆仑山下游览了黄帝的宫殿,在赤乌族接受了赤鸟人奉献的礼物,在黑水受到了长臂人的热情款待。

当八骏所拉的马车进入了太阳沉没的崦嵫(Yānzī)山后,他终于见到了西王母。

周穆王给西王母献上了他专门带去的礼物,这些礼物包括白圭、玄璧,以及丝绸。西王母非常客气地接受了,并向周穆王表示感谢。

两人的会面非常和谐,他们似乎早就都对对方怀有好感。西王母为了欢迎周穆王,大摆宴席,两人互相敬酒,并先后作诗吟诵,表达各自的欢乐与珍惜。宴席后,周穆王还在西王母居住的山上立了一块石碑,亲自在石碑上题写了"西王母之山"几个大字。

就在他们极尽欢乐时,一个不幸的消息通过使者传递到山上:周穆王巡游后,东边的徐偃王反叛了。周穆王必须马上赶回去平叛。

临行时,两人依依不舍,西王母唱了一首歌,歌词是这样的:

白云在天,山陵自出。
道里悠远,山川间之。
将子无死,尚能复来?

意思就是:白云在天空中飘荡,哪一座山都不是它停留的目的地。重重的山啊路途遥远,道道的水啊艰险漫长,山水把我们阻隔在遥远的地方。假如你平平安安地渡过了难关,你还愿不愿意再次回到我的身旁?

周穆王也回应了西王母一首歌,歌词是这样的:

> 予归东土，和治诸夏。
> 万民平均，吾顾见汝。
> 比及三年，将复而野。

意思是说：我不得不回到我东方的国土，我一定能联合各地的诸侯平定叛乱，以便尽快解救苦难的百姓。我向你保证，最多三年，我就会再跨进你的地盘！

然而，令西王母纳闷而伤心的是，保证三年后一定再来的周穆王，从此之后杳无音信，再也没有回来。

唐代诗人李商隐在诗里讽刺说：

> 瑶池阿母绮窗开，黄竹歌声动地哀。
> 八骏日行三万里，穆王何事不重来。

如今我们当然明白，西王母之说，乃是古人的神话。不过，周穆王热爱巡游，却是历史事实，而周边部族的入侵或叛乱，已使周天子权威渐失。也就是说，当周穆王醉心于异乡的风景时，西周已经沉疴在身。

2

周朝分为西周和东周两个时期。其中，从公元前1046年周武王灭商，到公元前771年周幽王被犬戎杀死，是为西周，共经历了12任君主，总计276年，与明朝或清朝的统治时间差不多。

周成王在位22年，估计去世时不到40岁。之后，由其子姬钊即位，是为周康王。当时，朝中主要辅佐者为召公与毕公。二公率领诸侯，跟随周康王来到先王庙，他们向年轻的周康王讲述了文王和武王创业的艰辛，提醒他"务在节俭，毋多欲，以笃信临之"。

周康王在位25年，加上成王的22年，父子俩君临天下计47年左右，这近半个世纪的时间，乃是西周最兴盛的时期，史称"成康之治"。《史记》说："故成康之际，天下安宁，刑错四十余年不用。"

刑错，又作刑措。错即措，即设置。意思是说，当时天下太平，人民安居乐业，虽然有刑法，但民不犯法，无所置刑。

但是，水满则溢，月盈则亏，无论多么强盛的王朝，总会随着时间的推移，不可阻挡地迎来它的衰落。

西周的衰落期在周穆王的父亲周昭王时代即已慢慢降临。

周昭王是周康王的儿子，姓姬名瑕。前995年至前977年在位，做了19年天子。

前面我们讲过，周朝初年，通过分封姬姓宗室、姻亲以及一部分先代君主后裔和功臣，形成了一个庞大的封建体系。不过，在这些诸侯之外，还有另一些因种种情况表面臣服于周朝而实际上另有心思的部族。

当周天子势力强大时，这些部族不敢作乱；当周天子势力一旦衰弱，这些部族便兴风作浪。

周康王时代，曾有东夷和鬼方作乱，先后被平定。到周穆王时代，又先后与东夷和虎方交战并获胜。

但是，在周昭王向南开疆拓土的进程中，他遭遇了一块硬骨头，不但没能把硬骨头啃下来，就连他本人，也在南方丢了性命。

这块硬骨头，就是楚。

3

春秋战国时期，楚国是天下诸侯中的一等强国，一度拥有最为广阔的疆域。不过，周朝初年，楚国刚兴起时，却显得微不足道。

楚人据说是祝融的后裔。当周人在周原一带兴起时，居于今天湖北境内的楚人，其首领芈姓，名熊，又称鬻熊、鬻子。他审时度势，归顺了周文王。后来，周成王时期，鬻熊的曾孙熊绎被周成王封为诸侯，子爵。

不过，虽然同样是受周天子所封，但楚国却与鲁国、晋国等姬姓诸侯国完全不同，姬姓诸侯国乃是受封之后，再带领人马前往封地筑城守地，而楚国事实上早已在荆山地区延续了几代人。因此，这只不过是周成王追认既成事实，表面上确立从属关系而已。而楚国，也因周朝过于强大，不能不表示臣服。

由于出身不同，再加上文化落后，语言难通，楚国一向被中原诸侯看不起，不仅爵位很低，在当时的国际事务中也没有什么发言权。

周成王曾在岐阳大会诸侯，也就是由周天子主持，召开"国际会议",楚国国君虽然参加了会议,却被安排去布置会场;等到周天子和诸侯进去开会时,他被赶了出来,和东夷小国鲜牟国国君一起在门口看守火堆。

然而,谁也没想到的是,仅仅几十年时间,楚国就在南方不断壮大,并给周朝造成了大麻烦。

不过,另有一种说法认为,周昭王南征讨伐的楚,不是楚国,而是楚蛮,也就是南方地区不承认周天子的蛮夷部落。

到底哪一种说法更接近史实,现在还不能确定。不过,周昭王以讨伐楚蛮为名,打算连同楚国一锅端掉也不无可能。

因为,如前所述,楚地有一种最重要的物产——铜。

我们在"青铜时代"一章里已经讲过,周朝时,最重要的铜矿产地在大冶,而大冶,正好属于楚。

与此相印证的是,先秦时期的典籍里,记载着西周贵族随从周天子南征楚地,无不以"孚金"作为主要目标。孚金就是俘金,也就是掠夺铜矿。

周昭王期间,两次御驾亲征,兵锋南指。

第一次是在周昭王十六年(前980)。周昭王亲率军队顺着汉水进入楚地,渡河时曾遇到了大兕(sì)——也就是犀牛。这一次,周军大获全胜,抢夺到了大量珍贵的铜矿。

第二次是在周昭王十九年(前997)。当周昭王及军队渡河时,"天大曀,雉兔皆震"。意思是说,当时天气十分恶劣,曀就是天色晦暗,同时还狂风大作,雷电交加,林子里的野鸡和野兔都被雷电击中。

非常不幸的是，在渡河时，临时架设的桥梁倒塌了，周昭王掉进了汹涌的江中。周昭王的贴身侍卫叫辛余靡，身长力大，他奋力将周昭王从江中救上岸。然而，不知是惊吓过度还是溺水太久，总而言之，周昭王竟死在了汉江之滨。

关于周昭王之死，还有一种说法是这样的：楚国派人向准备渡汉水的周昭王献上船只，但这些船只是用胶粘合的。当船只行驶到江心，胶被江水浸湿后，船只便渐渐解体，周昭王因此坠入江中淹死。

不过，与桥梁倒塌的说法相比，船只解体不太符合实际。

很多年后，春秋五霸之首齐桓公打出尊王攘夷的旗号，他组建的联军要做的大事之一就是教训一下长期以来不把周天子放在眼里的楚国。

为了显得师出有名，齐桓公派大夫管仲前往楚国问罪，他给楚国所列的重大罪状就是："昭王南征而不复，寡君是问"。意思是说，昭王当年南征没有回来，死在了你们楚国的地盘上，我们齐国国君要我来向你们追查此事。

也就是说，如果楚国说不出个名堂来，那联军伐楚就是正义的。

结果，楚国大夫屈完回答说，"君其问诸水滨"。意思是说，昭王当年南征没有回去，楚国是不负其责的，你要问，可能只有去水边上问了。

不管楚国是否承认周昭王之死是他们做了手脚，总而言之，双方都认定的事实——当年，周昭王的确在伐楚时死在了汉水。

周昭王之死,是西周国运的大转折。

从那以后,西周日复一日地走着下坡路。

4

周昭王是一个热衷于武力而对周礼漠不关心的人,这是在他之前的周天子中,还从来不曾有过的先例。

周昭王时期,重要诸侯之一的鲁国发生了一件大事:鲁国第四任国君鲁幽公,被其弟弟姬晞杀死,姬晞自立为国君,是为鲁魏公。

在注重伦理纲常的周朝,姬晞这种行为就是骇人听闻的大逆不道之举。周昭王作为天下共主,理应主持公道,发兵征讨,将姬晞处死,并立鲁幽公的嫡子为国君。

然而,周昭王却没有任何反应。鲁魏公在位长达50年之久,得以善终。

周昭王的不闻不问,无疑加剧了强凌弱、众暴寡的混乱局面,周朝朝纲也由此不振。

与父亲相比,周昭王的儿子周穆王同样热衷于武力与巡游,并且可谓是青出于蓝而胜于蓝,有过之而无不及。

据说,早在大禹平息洪水、划定九州之时,曾以各地离王城的距离为标准,将天下分为五服。五服之说,在周朝时仍盛行。

具体来说,距王城五百里为甸服,由周天子直接治理;甸服之外五百里为侯服,由周天子分封的诸侯治理;侯服之外五百里为宾服,是被周天子或诸侯征服的其他方国;宾服之外五百里为要服,是夷蛮之地;要服之外五百里为荒服,是戎狄地区。

周天子分封或承认的各诸侯国外的更为偏远闭塞的地区,在强大的周王室的要求下,也要像诸侯那样定期向周天子进贡,承认周天子的宗主地位。只不过,级别不同,进贡的时间也不同:五服之中最远的要服和荒服,按《国语》记载,要服的夷蛮每六年进贡一次,而荒服的戎狄首领终生只要进贡一次就行。

周朝初年,周公制礼作乐,周人已经从夏人、商人那种敬鬼神、事巫术的传统中走出来,建立了更为先进与人道的新传统,一个强大的礼仪之邦,赢得了远近不同部族的敬仰,使他们接受了一些礼仪文化,以此与周朝和平共处。

然而,周穆王像其父一样崇尚武力,希望继续开疆拓土,于是,贸然发动了对犬戎的战争。

决定出兵之前,周穆王的臣子祭公谋父劝谏说不可,并历数文王以来对待戎狄的办法,建议他继续采取怀柔政策,不要轻易发动战争,以免局面不可收拾。

然而,周穆王不听,"遂征之"。战争的结果是"得四白狼四白鹿以归"。这一记载,既可理解为在征讨过程中,仅仅捕猎到了四头白色的狼和四头白色的鹿(因白色动物较少,古人以为是祥瑞)带回王城;也可理解为占据了四个以白狼为图腾和四个以白鹿为图腾的犬戎部落。

不管是前者还是后者,可以说开疆拓土的效果都不算理想,却使得从那以后,"荒服者不至"。原本承认周天子的边疆部族,不再来朝贡了。尤其严重的是,随着双方关系的恶化,以后,包括犬戎在内的边疆部族不断内侵,而西周,也终至亡于犬戎。

周昭王南征不返,被南方的楚国或者楚蛮打得落花流水;此后,为了维持青铜之路的畅通,除了依托原本布局于汉水和淮水之间的汉阳诸姬外,周朝还在河南叶县到南阳一带接近南方的交通线上,屯驻了大量军队。

5

外患之下,内忧也在周穆王时降临。

大约成书于战国时期的《穆天子传》,又名《周王传》《周穆王传》等,由于被埋入坟墓,从而躲过了秦朝的焚书运动被保存下来,直到西晋时才被人从墓中取出,得以重见天日。

这本书讲述的就是周穆王游历天下的故事,包括前面我们说过的周穆王与西王母在昆仑山上的聚会。

《穆天子传》虽然是包含了大量神话元素的小说,却也不无史实的投影。

比如,徐偃王的叛乱即其一。

周朝时,在今天的山东、安徽、江苏一带,分布着诸多东夷部族,徐夷即其中一个。徐夷所建的徐国,嬴姓,系伯益之后。早在大禹时期,伯益辅佐大禹治水有功,大禹封伯益之子若木于徐，建立徐国。周初，周天子封其为子爵。虽然既不是姬姓诸侯并且爵位很低，但徐国势力颇强，极盛时，估计其疆域达8000平方公里，到了东周以后才日益缩小。

周穆王时，徐国国君自立为王，即徐偃王。这一举动，无疑是对周天子至高无上权威的严重挑战，相当于不承认周天子是天下共主。并且，东夷中有多达36个小国归附徐国。随后，徐国军队向西攻打周朝，一直打到了黄河附近。

周穆王就是在西游途中获知徐国叛乱的。于是，他只得悻悻结束漫游，回到宗周，组织军队平叛。

然而，徐偃王兵强马壮，周穆王见硬的不行，只好来软的，承认徐偃王对东方诸侯的统率权。史称"穆王畏其方炽，乃分东方诸侯，命徐偃王主之"。

在用软的一手安抚了徐偃王之后，周穆王显然无法容忍在"普天之下，莫非王土；率土之滨，莫非王臣"的周朝，居然有人和他平起平坐。

周穆王令造父驾着八骏拉动的马车，飞速求援。

他向谁求援呢？令人意外的是，他的求援对象竟是有淹死周昭王严重嫌疑的楚国。

楚国得到周穆王密信后，很快向徐国发动进攻，强盛一时的徐偃王被楚国击败，徐偃王被杀，其子带领少数部众北迁彭城，也就是今天的徐州。

向楚国求援，貌似难以理解，其实，却能看出周穆王的精明。

首先，正在发展壮大的楚国，不愿意看到他的东面崛起一个统率诸侯36国的大国,那将会影响楚国的东扩。因此,攻打徐国,符合楚国的利益。

其次,周昭王之死,楚国脱不了嫌疑,相当于和周天子及姬姓诸侯结下了很深的仇恨,而听从周穆王的命令进攻徐国,既有助于缓解姬姓诸侯对楚国的敌意,也有可能让天下人觉得,楚国既然如此听命于周天子,周昭王之死或许真的与他无关。

第二十七章　共和元年

王益严，国人莫敢言，道路以目。

——司马迁

1

司马迁的伟大著作《史记》，记载了从黄帝时代到他生活的汉太初四年之间3000多年的历史。不过，令司马迁苦恼的是，3000多年的时空里，前面2000多年上百代人之间发生的历史大事，由于纪年模糊混乱，只能记谱系而无法记年代，因而无法构成连续的历史系统。

这种状况，一直要等他写到发生于西周末年的一桩重大历史事件时，才得到改观——从那以后，中国历史有了准确纪年。也就是说，从那以后，直到今天，中国历史上发生的大事，都能一年接一年地追溯。

这桩重大事件，史称"国人暴动"；这一年，史称"共和元年"；换算成公元纪年，乃是公元前841年。

这是中国历史上有明确纪年的开始。

那么，什么是"国人暴动"？共和元年又是怎么一回事呢？

这一切，得从周厉王讲起。

2

《诗经》的《大雅》部分，收录了一首题为"抑"的诗。

据说，这首诗是95岁的老臣卫武公为"刺厉王，亦以自警也"而作——又有说法认为，作者不是卫武公，而是一个没留下名字的老臣。不过，内容是讽劝周厉王则无可置疑。

《抑》的其中一章，异常沉痛而悲愤地写道：

> 於乎小子，告尔旧止。
> 听用我谋，庶无大悔。
> 天方艰难，曰丧厥国。
> 取譬不远，昊天不忒。
> 回遹（yù）其德，俾民大棘。

翻译成白话文，大意是这样的：
后生小子莫轻狂，听我告你旧典章。
倘若听从我主意，不致后悔人凄惶。
国家时局正艰难，王朝随时会沦丧。
这种例子并不远，上天报应不偏向。
邪僻之性如不改，百姓跟着遭祸殃。
周厉王名叫姬胡，是西周的第十任君主。

从周穆王到周厉王，中间经历了四任周天子，即周共王、周懿王、周孝王和周夷王，时间约半个世纪。

在周朝历史上，这四任周天子的存在感非常差，总体而言，政绩乏善可陈，甚至连守成之君也称不上——西周的国运，在他们手里，持续走下坡路。

谥号是中国古代帝王、诸侯和大臣等具有一定地位的人死后，他人据其生平事迹而给予的一个带有评判性质的称号。比如汉武帝、魏明帝、隋炀帝就是帝王谥号；欧阳文忠公、曾文正公则为大臣谥号。

不过，略有不同的是，像成汤自称武王，以及周朝的文王、武王和成王，已有资料表明，这是他们生前的称谓，并非死后的谥号。这极少部分，算是特例。

谥号可分为美谥、平谥和恶谥。

表扬类的就是美谥，如文，意为具有经纬天地的才能或是道德博厚的品格。

平谥又称中谥，一般是同情性的。如愍，意为"在国遭忧""在国逢难"；怀，意为"慈仁短折"。

恶谥自然就是批评类的。如炀，意为"好内远礼"；荒，意为"好乐怠政"。

周厉王的厉，意思是暴慢无亲，杀戮无辜。这当然是一个典型的恶谥。

那么，周厉王在位期间，都干了些什么呢？

3

说起来，周厉王被史家记住的事无非两件，其一：革典，其二：止谤。

革典，即《国语》所说的"厉始革典"，也就是他上台后，废除了周朝初年建立起来的规章制度。其中最重要的一点，就是与贵族和国人争利。

按周初制度，山林川泽之利，由贵族和国人（即平民）共同享有，但大概是当时王室入不敷出，财政困难，周厉王任用荣夷公"专利"——即把山林川泽的开发，全部收归周天子所有。

周厉王的行为，自然引发了贵族和平民的极大不满，民间议论纷纷，从上到下弥漫着强烈的不满情绪。大臣召公（周初那位召公的后裔，名叫召虎，死后谥穆，故又称召穆公）提醒周厉王说："老百姓都不堪忍受了，不能再这样干了。"

周厉王不但不检讨自己，反而很生气，并迅速有了对策：他派出不少侦察人员深入民间，发现有发表不满言论的人，不管贵族还是平民，一律抓起来惩罚。

这样一来，人们不敢再议论了，甚至，在路上遇到熟人，也不敢打招呼，更不敢聊天，生怕招来侦探，只好相互使个眼色。这就是成语"道路以目"的来历。

周厉王看到普天之下再也没人敢议论朝政、说他的不是，便喜滋滋地告诉召公："吾能弭谤矣，乃不敢言。"

意思是说："我能消除指责的言论，他们再也不敢吭声了！"

召公听了，直言不讳地批评说："你这样做是堵住人们的嘴。阻塞老百姓的嘴，好比阻塞河水。河流如果堵塞后一旦再决堤，伤人一定很多，人民也是这样。因此治水的人疏通河道使它畅通,治民者只能开导,让人畅所欲言。"

然而,尽管召公洋洋洒洒地说了一大堆,周厉王却根本听不进去。

周厉王的暴行,在三年后终于招来大祸:宗周居民突然暴动,他们突袭王宫,周厉王不得不狼狈逃窜,出走到一个叫彘的地方——即今天的山西霍州。

这一事件,称为"国人暴动"。国人,就是平民,又称邦人。西周青铜铭文上记载,"国人暴动"的参与者,不仅有国人,还有正人,也就是长官之部属,相当于公务员;还有师氏人,也就是军人。

周厉王逃走后,愤怒的国人听说太子姬静躲到了召公家里,于是就围在召公府前,要他交出姬静。

召公对心腹说:"我从前曾劝谏天子,但天子不听,所以才有今天这场灾难。现在他们要杀太子,我若把他交出去,天子一定会认为我记仇而怨恨他。臣子服务国君,即便遇到危险也不该怨恨;即便怨恨也不该发怒。何况我服务的是天子呢?"

于是,召公把自己的儿子冒充姬静交了出去,他的儿子被杀了,姬静得以侥幸逃生。

"国人暴动"赶走周厉王后,推举召公和周公两位重臣出来共同执政,故而称为"共和"。这一年,称为"共和元年"。这个周公,当然不是周初那个周公,而是姬旦的后裔,名叫姬鼻,死后谥定,故又称周定公。

不过,关于共和,还有另一种说法。比如《庄子》和《吕氏春秋》就认为，共和其实是共伯和，乃周朝的一个贵族，他被推举出来担任执政，暂掌王权。

还有的史家认为，共伯和其实就是卫武公，卫武公名姬和，封地在共，所以称为共伯和。

到底哪一种情况才是真实的历史，目前尚难以定论。不过，"共和元年"作为中国历史长河中的一个坐标，却显示出它的特殊意义。从"共和元年"开始，中国的历史有了确切纪年，从此一直到今天，千百年来不曾间断。

4

"国人暴动"，轻易就把高高在上的周天子赶出京城，且一去多年，也没有任何诸侯出来过问，这不是国人力量强大，而是此时的周王室，早已今非昔比。

如前所述，周初通过分封制度，"封建亲戚，以藩屏周"，从而使得小邦周得以控制空前广阔的疆土。但分封制也是一柄双刃剑。分封到各地的诸侯，名义上是周天子的臣子，大多还与周天子有血缘关系。但他们本身具有相当高的独立性，尤其是随着血缘关系越来越远，周天子与他们之间的凝聚力也不断下降。

更为重要的是，随着不断的分封，周天子亲自控制的地盘和人口日益减少，仅仅限于宗周和成周两都及附近的王畿地区。

在周天子直接控制的王畿地区，周天子也要按分封的原则，把土地封赐给臣子们作为采邑。有学者在考察西周青铜器上关于封赏的铭文中发现，早期，周天子赐给臣子的地都是完整的，一般都有单独的地名；到了中晚期，却只有零星的地块了。由此可以断定，周天子的实力和地位已经江河日下。

原本，诸侯朝拜周天子，周天子高居堂上，安然接受拜揖；但到了周夷王时，周天子开始下堂接见诸侯了。这被认为是周天子失礼的开端。这倒不是周天子故意失礼，而是不得不用这种平和谦恭的态度结好诸侯。

就在周厉王时期，发生了一场叛乱。以往的叛乱，发动者大多是边疆部族或殷商遗民，而这一次，除了有东夷之一的淮夷参加外，主导者竟是鄂侯驭方。

鄂国早在商朝时就立国，且与周王室是姻亲，有亲戚关系。至于鄂侯驭方，曾深受周厉王器重。然而，就是他，却起兵反叛。

尽管反叛被平息下去，但周王室也遭受了沉重打击，其对诸侯的影响力和控制力更是一落千丈。

5

共和十四年（前828），周厉王在出逃14年后，于彘去世。彘的意思是猪，可能他流亡的霍州，当时有大量野猪出没，是一个偏僻而荒凉的地方。当周厉王在天子的宝座上让国人道路以目时，他完全没有预想到，有一天，他会落得如此凄凉的下场。

随着周厉王的去世，共和执政——不管是召公和周公也好，还是共伯和也罢——宣告结束，那个被召公用自己儿子的生命保护下来的太子姬静即位，即周宣王。

周宣王在位长达46年，在西周诸君中，仅次于穆王。他本人也努力想有所作为。周宣王的谥号宣，在谥法里的意思是圣善周闻，也就是通情达理，见闻广博，无疑是一个美谥。

然而，周宣王时代，大厦将倾。在内，财源枯竭，捉襟见肘；在外，烽烟四起，战乱频仍。周宣王曾先后对西戎、猃狁、荆蛮、条戎、奔戎、姜戎等部族用兵，战绩却是败多胜少。

有的史家把周宣王的努力称为宣王中兴。周宣王在位期间，最重大的政治举措有两件，其一是不藉千亩，其二是料民。

西周实行的是井田制，这个框架之下，从理论上讲，周天子是全国土地的唯一所有者，他把土地封赐给诸侯，诸侯再一级级封赐下去，然后再由平民耕种。在辽阔而平坦的中原地区，土地被分割成井字形，每块地100亩，周边的800亩是私田，中间的100亩是公田。

藉就是借的意思，借什么呢？借平民之力耕种公田。当时规定，平民只有在完成了井字中央的100亩公田之后，才能去耕种自己的私田。

农业社会，耕种乃是最重要的事情。为了表示天子的重视，每年春暖花开之时，周天子就带着臣子到田里象征性地亲耕，这称为藉田礼。

但是，到了周宣王时代，由于铁制农具开始出现，生产力得到了发展，农民对耕种私田兴趣高昂，对公田却敷衍了事。这样，王室就不再把公田作为自己的收入，而是临时选一块长势更好的私田来充数。

周宣王不藉千亩，也就是不再举行藉田礼，表明井田制遭到严重破坏，必须寻求新的生产方式。

料民，就是人口普查。此事发生在周宣王三十九年（前789）。当年，周伐姜戎，周军大败，"丧南国之师"，也就是从南方调来的精锐部队几乎损失殆尽。为了补充兵源，周宣王要求进行人口普查并登记。

然而，这两项改革，依然没能挽回西周王朝走向深渊的步伐。周宣王中兴也只是一个短暂的回光返照。

第二十八章 烽火戏诸侯

只知一笑倾人国，

不觉胡尘满玉楼。

——胡曾

1

在陕西岐山董家村，曾经出土了一批青铜器。从铭文看，这些青铜器的主人，是西周晚期掌管制作皮裘的小官，叫裘卫。

非常有意思的是，裘卫和他的子孙制作了三件青铜器，以纪念三桩交易。这三桩交易的对象，都是矩伯。

与身份低下的裘卫不同，矩伯是周朝贵族，号为邦君，是周天子很倚重的大臣。

按理，他们的人生应该没有什么交集。但这三件青铜器却以铁的事实证明，他们不仅有交集，而且交集颇深。

三件青铜器，记载了矩伯与裘卫的三次交易。每一次，都是矩伯以田产和山林的狩猎权，向裘卫换取当时的贵重物品：虎皮和鹿皮的皮饰、车马、衣服、丝帛。

铭文传达的交易内容向我们透露出一个信息：西周末年，即使贵为重臣，同样穷困潦倒，为了维持体面的生活，不得不变卖不动产和经营权。

当然，如果与生活得更晚一些的西周贵族相比，矩伯至少不用为王朝行将就木而忧心忡忡。

郑桓公是周宣王的弟弟，被封于郑，算起来，是周幽王的叔叔，周幽王时，他在宗周任司徒，是周幽王身边的重臣之一。

然而，这位重臣比其他人更先一步看到了王朝面临的危机，这危机不断加深，不可避免的末日正在一步步逼近。

为此，郑桓公与太史伯阳之间有过一次推心置腹的谈话，这次谈话，被记录在《国语·郑语》里。

郑桓公直截了当地问伯阳：王室多灾多难，我担心很快就会落到我身上，我要到哪里才能逃避一死呢？

伯阳也直言不讳地回答：周王室将要衰败，戎、狄肯定会昌盛起来。

在这次谈话中，伯阳分析了形势，认为周天子（也就是后来谥为幽的周幽王）纵欲好色，宠信褒姒，且企图废长立幼，信任奸臣虢公，任由他胡作非为。种种迹象表明，周朝很快就会灭亡了。他又为郑桓公分析了一旦周朝真的灭亡，到哪里可以避祸，建议他前往虢国和郐（Kuài）国。

伯阳最后再次总结说，周朝的灭亡，要不了三年时间了。你如果想逃避这场灾难，就赶快考虑逃亡的地方。不然，到时大难来临，就来不及了。

郑桓公听了伯阳的话，果然把妻儿老小和家财都送到虢国和郐国。

事实上，在西周王朝的高级官员里，不仅郑桓公一个人感觉到了大厦将倾。

伯阳如此准确地预言了西周的灭亡，很可能和之前发生在首都宗周的一场闹剧不无关系。

2

这场闹剧的导演兼主角是西周最后一任君主周幽王，闹剧的配角则是邻近成周的诸侯，而观众只有一个，那就是周幽王最为宠爱的美女褒姒。

褒斜道是古蜀道的一段，南起褒谷口，北至斜谷口，沿褒、斜二水而行，故而得名。在褒斜道南端，历史上曾有一个褒城县，直到20世纪才分拆划入汉中市的勉县、留坝和南郑。

上古时期，在褒城县一带，有一个方国，名叫褒国，褒国首任国君，乃是大禹的儿子、夏启的兄弟。

褒国传承到周朝末年，虽然已历千年，但仍是一个弹丸小国。有一年，褒国国君得罪了周幽王，幽王发兵进剿，褒国国君只好把自己的女儿，一个绝代大美女献给周幽王，周幽王这才息兵罢战。

这个绝代大美女就是史书中记载的褒姒。

关于褒姒，后世的史书上记载了她的两大特点：其一，长得漂亮；其二，从来不笑，是一个妖艳的冷美人。

周幽王想方设法要让从来不笑的褒姒露出笑容，试了好多办法，还是没能成功。

有一天，周幽王最宠信的大臣虢石父向周幽王献了一条妙计，周幽王深以为然，于是就照办了。当时，由于地处西部的都城宗周，与犬戎等边疆部族相距不远，为了防止犬戎侵袭，宗周附近修筑了不少烽火台。

按周天子与诸侯的约定，一旦有紧急情况，周天子就点燃烽火，烽火次第相望，远近诸侯看到烽火，立即带兵前来护驾。

然而，这一次，当诸侯们带着兵马匆匆赶到宗周城外时，却发现根本没有入侵的敌人，只见周幽王和褒妃等人高坐在烽火台上饮酒作乐。周幽王双手一挥，派人告诉诸侯：没有什么事，只不过是天子放烟火取乐。

诸侯听了，知道被戏弄了，面面相觑，只好迅速退兵。褒姒看到如此众多的兵马，如潮水般地涌来，又如潮水般退去，果然觉得十分有趣，不由得笑了一笑——周幽王终于看到了心爱的美人娇艳如花的笑容。只是，这笑容的代价太沉重。

以后，周幽王又故技重施，诸侯们也再次受骗，褒姒也再次绽露笑容。

然而，就像狼来了的故事一样，当撒谎的小孩多次发出狼来了的喊叫声骗人，最终，当真正的狼来了时，他再喊狼来了，根本没有人再相信。

3

中国古人一向相信天人感应。

所谓天人感应,是指天意与人事的交感相应。古人认为,天能影响人事,预示灾难或吉祥,而人的行为也能反过来感应上天。

尽管天人感应的系统理论要等到西汉时才由董仲舒集大成,但早在夏商甚至更早时期,天人感应就已经有着广泛影响。

人们相信,不一样的天气或是自然灾害,都是上天在提醒和警告君主:末世将临。

周幽王上台不久,西周王畿地区的泾水、渭水和洛水三川流域就发生了强烈地震,三条河河水断流,周人视为发祥地的岐山山崩。

伯阳预言说,以前夏朝时,伊水和洛水断流,夏朝就灭亡了;商朝时,黄河断流,商朝就灭亡了;如今三条河一齐断流,山崩川竭,都是大为不吉的亡国征兆啊。

前面我们讲过,郑桓公曾向伯阳请教,若周朝灭亡,大难当头,他该到哪里避祸。

郑桓公并非特例,或者说,还有一些高级官员,比郑桓公走在了前面。

《诗经·小雅》中有一首诗题为"十月之交"的诗,传统观点认为,这首诗的作者是孔子的门徒子夏。但学者李峰考证,此诗其实与周幽王时一个被称为皇父的贵族的退隐有关。

《竹书纪年》记载:"(幽王)五年,皇父作都于向。"皇父在周宣王时就被册命为太师,级别非常高。20世纪30年代曾在周原地区发现过一批青铜器,其主人就是皇父。

在周幽王时代,皇父年龄至少70岁了,德高望重。然而,时，申侯很快与犬戎和缯国结成同盟。

5

周天子的王师不是盟军的对手。盟军将其击败后，并兵困宗周。这时，周幽王令人点燃了报警的烽火，但是，受到多次戏弄的诸侯再也没一个带兵前来。

周幽王只好带着褒姒和儿子伯服向东逃跑，途中，在骊山附近被犬戎俘虏。他和他的儿子被当场处死，褒姒则被作为战利品带走。富丽堂皇的王宫被洗劫一空，苦心经营多年的宗周城也遭到了史无前例的破坏。

早些年就忧心忡忡并把家小送到东边的郑桓公，也在这场战乱中被杀死。

西周至此灭亡。从周武王到周幽王，共经历了12任周天子。

传统史家一般把西周灭亡的原因归咎于周幽王宠信褒姒，这种红颜祸水的论调混淆了因果关系，以至于鲁迅先生在小说《阿Q正传》里讽刺说："中国的男人，本来大半都可以做圣贤，可惜全被女人毁掉了。商是妲己闹亡的；周是褒姒弄坏的……"

烽火戏诸侯的故事，由于太过戏剧化，太过令人难以置信，至于故事本身，也充满疑点：以当时的交通条件，看到烽火的诸侯，哪里能在短时间内赶到京城？所以，后代许多史家均认为它很可能是太史公的虚构或以讹传讹。

其实，这件荒诞之事本身，还是一个意味深长的暗示——烽火台的设置，原本是为了战争，为了让诸侯得到天子命令后前来勤王，因而点燃烽火原是极为严肃严谨的国之大事。但现在，周天子为了讨心爱的女人一笑，不惜视国之大事为儿戏，这不仅意味着周天子自毁其威，也意味着自周公以来稳定的社会秩序已经出现了巨大裂缝。

时代，正在发生不可逆转的变化。

今天，我们再来总结西周灭亡的原因，其一是西周晚期，王室势力大为削弱，对诸侯以及边疆部族的控制能力很弱；其二是周幽王所用非人；其三是废长立幼不得人心，进而引发了申国联合犬戎与缯国的围攻。

好在，那位曾被父亲追杀的姬宜臼，在外祖父申侯以及缯国、许国、鲁国等诸侯的拥戴下，于申国即位为君。这就是周平王。

然而，此时的局势如同一团乱麻。犬戎势力大幅东进，宗周被破坏得不成样子。周平王虽然即位，却既无力驱逐犬戎，还得担心犬戎可能的袭击，当然也无力重建宗周。

这时，他想到了周公当年遵武王遗命而修建的东都成周。于是，周平王迁都成周，改名洛邑，史称平王东迁。

从那以后，历史翻开了新的一页，由西周进入东周。

幽王被杀之后，一向受幽王器重的虢公翰拥立了幽王的另一个儿子余臣在携邑为天子，史称携王。这样，东周伊始，二王并立，两周共存，一直维持了十几年。后来，支持周平王的晋文侯攻破携邑，将携王杀死，东周重归统一。

为了奖励晋文侯，周平王将河西之地赐予他。同时，原本是附庸的嬴秦也因拥立东迁有功,周平王将西土赐予他,自那以后,秦国才成为诸侯之一。谁也没想到,几百年后,将是这个毫不起眼的边陲小邦统一中国。

经过自周幽王以来的这番折腾,周天子虽然还是天子,但早已失去了号令诸侯的实力和威望。

周平王东迁后,曾经盛极一时的西都,也就是宗周日益萧条破败。多年后,一位昔年随周平王东迁到洛邑的贵族重返西都,这个贵族气宇轩昂,温文尔雅;他的女儿娴静端庄,仪态万方。

西都的老人们看着这对保持着旧时风度气质的父女,不由得思念起旧日西都人物的仪容,因而写下了《都人士》。这首诗被收入《诗经》里,一直流传到两千多年后的今天——今天,我们仍然能读出一个曾经繁华的时代失去之后,亲历者回首往事时的那种难以抑制的伤感和落寞:

> 彼都人士,狐裘黄黄。
> 其容不改,出言有章。
> 行归于周,万民所望。
> ……
> 彼都人士,充耳琇(xiù)实。
> 彼君子女,谓之尹吉。
> 我不见兮,我心苑(yùn)结。
> ……

大意为:
昔日京都的人啊,身着狐裘一身黄。
他的仪容没改变,讲话出口就成章。
回到西周旧都城,引得万民齐张望。
……
当日西都的人啊,耳戴玉石美又靓。
娴静端庄君子女,人称尹吉好姑娘。
不见从前的景象,我心郁郁实难忘。
……

大事年表

138亿年前，奇点大爆炸，宇宙诞生；

46亿年前，太阳诞生；

45.4亿年前，地球诞生；

35亿年前，原核生物出现；

22亿年前，真核生物出现；

20亿年前，草履虫出现；

12亿年前，第一批多细胞生物，如蠕虫、海绵和软体胶状生物出现；

5.4亿年前，寒武纪生命大爆发，前后2000万年间，节肢动物、腕足动物、蠕形动物、海绵动物、脊索动物等出现；

4亿多年前，鱼类出现，青蛙从水里跳上陆地；

3亿年前，盘古大陆形成；

2.5亿年前，二叠纪生命大灭绝，96%的海洋生物和70%的陆地动物灭绝；

2.2亿年前，恐龙出现，称霸地球达1.6亿年之久；

2亿年前，最早的哺乳动物出现；

6500万年前，恐龙灭绝；

1400万年前，腊玛古猿出现；

400万年前到500万年前，腊玛古猿进化成南方古猿；

320万年前，以露西为代表的南方古猿生活在非洲；

280万年前，南方古猿的一支纤细古猿进化为能人；

200万年前到20万年前，直立人生存时代；

200万年前，巫山人生存时代，旧石器时代初期；

少年中国史：我们的故事 · 一

文明的曙光

180万年前到160万年前，能人消失；

170万年前，元谋人生存时代，旧石器时代初期；

115万年前到70万年前，蓝田人生存时代，旧石器时代初期；

100万年前，南方古猿的一支粗壮南猿消失；

71万年前到23万年前，北京人生存时代，旧石器时代初期；

25万年前到3万年前，早期智人生存时代；

19万年前，人类可能于此时开始穿衣服；

3万年前，尼安德特人灭绝；

3万年前，山顶洞人生存时代，旧石器时代晚期；

2万年前，水洞沟人生存时代，旧石器时代晚期；

4万年前到1万年前，晚期智人生存时代；

200万年前到约1万年前，旧石器时代；

约1万年前到约5000年前，新石器时代；

12000年前，中国南方开始培育水稻，原始农业出现；

1万年前，中国北方开始种植粟，原始农业得到发展；

1万年前，人类掌握制陶技术；

8000年前，贾湖人制作了世界上最早的骨笛；

6000年前到7000年前，原始农业进入成熟期；

6000年前，半坡人生存时代，母系氏族公社，属仰韶文化；

4700年前到5000年前，龙山文化时期，传说中的黄帝时代；

  黄帝之后，是年代不明的几位继任者：颛顼、帝喾、帝挚、大尧、大舜；

3900年前到4300年前，陶寺遗址年代，可能与大尧和大舜时代相近，人类进入铜石并用时代；

公元前21世纪（可能为前2070年），大禹建立夏朝，定都阳城；

  大禹之子启废除禅让制，继位为君，在位期间，发生武观之乱；

  太康迁都斟鄩，后羿作乱，太康失国；

  仲康被立为傀儡，后羿代夏；

少康复国并中兴，夏朝繁荣达百年之久；

公元前16世纪，成汤伐夏，夏亡；商朝建立，定都西亳；

公元前14世纪，仲丁迁都于隞；

河亶甲迁都于相，其时商朝正经历九世之乱；

祖乙迁都于邢，商朝重现繁荣；

南庚迁都于奄；

盘庚迁都于殷；

约公元前1250—公元前1192年，武丁在世，称为武丁盛世；

约公元前1046年2月，牧野之战，商灭，周朝建立，定都宗周（镐京）；

约公元前1042年周公东征，营建东都；

成康大分封；

约公元前10世纪，周昭王征讨楚地，死于汉水；

周穆王平定徐国之乱；

公元前9世纪中期，周厉王统治时代；

公元前841年，国人暴动，共和执政，中国历史从此有了准确纪年；

公元前828年，周厉王去世，周宣王即位，共和结束；

公元前779年，周幽王烽火戏诸侯；

公元前774年，周幽王废申后和太子姬宜臼，立褒姒为后，立褒姒所生伯服为太子；

公元前773年，诸侯多叛周，郑桓公与伯阳商量亡国后如何自救；

公元前771年，申侯联合缯国和犬戎攻破镐京，周幽王、郑桓公及伯服等被杀，褒姒被掳走；

西周亡；

诸侯立姬宜臼为君，是为周平王；

公元前770年，周平王迁都成周（洛邑），史称东周；

秦国因护驾有功，始封为诸侯。

主要参考书目

《暗淡蓝点》［美］卡尔·萨根著　人民邮电出版社
《亿亿万万》［美］卡尔·萨根著　浙江大学出版社
《宇宙之书》［英］约翰·D.巴罗著　人民邮电出版社
《我们人类的宇宙》［英］克里斯托弗·波特著　中信出版社
《太阳系简史》［英］约翰·钱伯斯　［英］杰奎琳·米顿著　中信出版社
《太阳系和地外生命探索》［美］埃里克·蔡森　［美］史蒂夫·麦克米伦著　机械工业出版社
《基础天文学》　刘学富著　高等教育出版社
《万物简史》［美］比尔·布莱森著　接力出版社
《生命通史》　朱钦士著　北京大学出版社
《人类六万年》　张振著　安徽人民出版社
《探秘远古人类》　吴新智、徐欣著　外语教学与研究出版社
《气候变迁与中华国运》　张文木著　海洋出版社
《不断裂的文明史》　刘庆柱著　四川人民出版社
《世界史前史》［美］布赖恩·费根著　北京联合出版公司
《麦克尼尔全球史》［美］约翰·R.麦克尼尔　［美］威廉·H.麦克尼尔著　北京大学出版社
《人类简史》［美］海斯等著　天津人民出版社
《全球通史》［美］斯塔夫里阿诺斯著　北京大学出版社
《全球科技通史》　吴军著　中信出版社
《史记》　文天译注　中华书局

《左传》 郭丹等译注　中华书局

《尚书》 王世舜　王翠叶译注　中华书局

《礼记·孝经》 胡平生　陈美兰译注　中华书局

《国语》 陈桐生译注　中华书局

《诗经》 王秀梅译注　中华书局

《孟子》 方勇译注　中华书局

《列子》 叶蓓卿译注　中华书局

《庄子》 方勇译注　中华书局

《汉书》 班固撰　中华书局

《山海经》 方韬译注　中华书局

《吕氏春秋》 陆玖译注　中华书局

《水经注》 陈桥驿译注　中华书局

《古诗源》 沈德潜选　中华书局

《〈竹书纪年〉解谜》 ［美］倪德卫著　上海古籍出版社

《古本竹书纪年辑校订补》 范祥雍订补　上海古籍出版社

《剑桥插图中国史》 ［美］伊沛霞著　湖南人民出版社

《中国通史》 白寿彝主篇　上海人民出版社、江西教育出版社

《中国人史纲》 柏杨著　人民文学出版社

《中国通史》 吕思勉著　中华书局

《中国通史：从上古传说到1949》 邓广铭等著　中国大百科全书出版社

《中国通史：从中华先祖到春秋战国》 卜宪群总撰稿　华夏出版社

《中国史纲》 张荫麟撰　上海古籍出版社

《中国人的故事》 夏雨人著　中国社会科学出版社

《简读中国史》 张宏杰著　岳麓书社

《中国农业通史·原始社会卷》 杜青林等著　中国农业出版社

《中国农业通史·夏商西周春秋卷》 杜青林等著　中国农业出版社

《中华科学文明史》 ［英］李约瑟著　上海人民出版社

文明的曙光

《中国风俗通史·原始社会卷》 宋兆麟著　上海文艺出版社
《中国风俗通史·夏商卷》 宋镇豪著　上海文艺出版社
《中国风俗通史·两周卷》 陈绍棣著　上海文艺出版社
《中国民族史》 王钟翰著　中国社会科学出版社
《中国食料史》 俞为洁著　上海古籍出版社
《中国饮食文化史》 王学泰著　广西师范大学出版社
《中国古代航运史》 孙光圻等编著　大连海事大学出版社
《中国农业科技史》 张芳　王思明主编　中国农业科学技术出版社
《早期中国的食物、祭祀和圣贤》 [英]胡司德著　浙江大学出版社
《地图上的中国史·第一卷》 中国地图出版社编著　中国地图出版社
《地图的见证》 本书编辑委员会编著　中国地图出版社
《中国史稿地图集》郭沫若主编　中国地图出版社
《中国历史地图集》谭其骧主编　中国地图出版社
《中国主要江河水系要览》陆孝平　富曾慈编纂　中国水利水电出版社
《何以中国》许宏著　生活·读书·新知三联书店
《中国古代服饰研究》沈从文著　商务印书馆
《中国古代交通图典》郑若葵著　云南人民出版社
《中国考古学》刘莉　陈星灿著　生活·读书·新知三联书店
《中国历法研究资料汇编》 章潜五等编著　西安电子科技大学出版社
《中国古代纪时考》 张衍田著　上海古籍出版社
《中国古代神话》　袁珂著　华夏出版社
《中国青铜时代》 张光直著　生活·读书·新知三联书店
《中国青铜器》 马承源主编　上海古籍出版社
《殷墟：从考古遗址到世界遗产》 段振美著　文物出版社
《春秋列国地理图志》 黄鸣著　文物出版社
《中国上古史导论》 杨宽著　上海人民出版社
《中国远古时代》 苏秉琦主编　上海人民出版社

《中国文明起源新探》 苏秉琦著 生活·读书·新知三联书店
《考古寻根记》 苏秉琦著 北京出版社
《中国古代文明研究》 李学勤著 华东师范大学出版社
《中华古代文明的起源》 李学勤著 生活·读书·新知三联书店
《夏商周文明研究》 李学勤著 商务印书馆
《竺可桢全集》 竺可桢著 上海科技教育出版社
《葛剑雄文集》 葛剑雄著 广东人民出版社
《中国文化的开端》 〔日〕水野清一编著 四川人民出版社
《先秦史十讲》 徐中舒著 中华书局
《中华远古史》 王玉哲著 上海人民出版社
《殷商史》 胡厚宣 胡振宇著 上海人民出版社
《商文明》 张光直著 生活·读书·新知三联书店
《西周史》 杨宽著 上海人民出版社
《西周史》 许倬云著 生活·读书·新知三联书店
《西周的灭亡》 李峰著 上海古籍出版社
《先秦史》 吕思勉著 上海古籍出版社
《奠基者》 易中天著 浙江文艺出版社
《周秦文明论丛》 第二辑 段德新主编 三秦出版社
《先秦史事易读》 王让梨著 三秦出版社
《春秋范儿》 郑连根著 齐鲁书社
《中华文明的开端：夏》 郭泳著 上海人民出版社
《镌刻在甲骨上的史诗：殷商》 王进锋著 上海人民出版社
《封邦建国的礼乐世界：西周》 黄爱梅 上海人民出版社